HENRI MARÉCHAL

ROME
SOUVENIRS D'UN MUSICIEN

AVEC UNE PRÉFACE

DE

JULES CLARETIE
De l'Académie française.

LE CONCOURS, INTERMÈDE SOMBRE
LE VOYAGE, LA VILLA MÉDICIS, LA VIE ROMAINE
HÉBERT, LISZT, HORS LES MURS
SAC AU DOS
MADAME LA PRINCESSE DE WITTGENSTEIN
A PARIS

PARIS
LIBRAIRIE HACHETTE ET Cⁱᵉ
79, BOULEVARD SAINT-GERMAIN, 79

1904
Droits de traduction et de reproduction réservés.

1870-1874

ROME
SOUVENIRS D'UN MUSICIEN

HENRI MARÉCHAL

ROME
SOUVENIRS D'UN MUSICIEN

AVEC UNE PRÉFACE

DE

JULES CLARETIE

De l'Académie française.

LE CONCOURS. INTERMÈDE SOMBRE
LE VOYAGE. LA VILLA MÉDICIS. LA VIE ROMAINE
HÉBERT. LISZT. HORS LES MURS
SAC AU DOS
MADAME LA PRINCESSE DE WITTGENSTEIN
A PARIS

PARIS

LIBRAIRIE HACHETTE ET Cie

79, BOULEVARD SAINT-GERMAIN, 79

1904

Droits de traduction et de reproduction réservés.

PRÉFACE

Voici un livre tout parfumé de jeunesse. Il évoque de beaux paysages, de grandes figures, de doux souvenirs, des images douloureuses aussi, la vie à vingt ans, à Rome, à la villa, mais la vie d'il y a trente-trois ans, la France envahie qu'il faut traverser pour se rendre à cette villa Médicis, asile de l'art, berceau des premiers rêves dont tant de générations ont gardé la mémoire, que tant d'écrivains célébrèrent, depuis Chateaubriand jusqu'aux Goncourt. Et ces « Souvenirs d'un musicien » vont prendre place parmi les documents les plus intéressants d'une époque disparue, le XIXe siècle qui fut, on s'en aperçoit maintenant un grand siècle.

J'adore les *Mémoires* et les memoranda. C'est

dans les lettres et les réminiscences intimes que parfois la postérité rencontrera ce qu'il y a de meilleur chez les hommes disparus. Toute vie humaine sincèrement racontée est intéressante, chaque vivant ayant eu sa part de ce lambeau d'étoffe tissé par la destinée et dont le dernier usage est un linceul. Le jour du grand réveil dans la vallée de Josaphat — où l'on rencontrera du reste tant de gens qu'on voudrait fuir — il y aura bien des romans poignants à écouter si tous les inconnus se mettent à conter leur histoire. Oui, tout être vivant est une histoire vécue. Et elles ont leur intérêt général et social, ces histoires particulières, admirables si elles sont la déposition de quelque puissant cerveau, touchantes si elles sont, comme disait Flaubert, la plainte d'un « cœur simple ». Mais lorsqu'il s'agit de sensations et d'impressions d'art, lorsque l'auteur de confidences est un être d'élection et de frémissement tout spécial, ces confessions deviennent plus attachantes encore; et lorsque le « mémoréaliste » nous parle de personnages illustres ou sympathiques, de lieux enchantés, d'œuvres attirantes, ses souvenirs nous sont plus chers et le livre qui les contient devient tout de suite un de ceux qu'on aime à conserver, à reprendre, à relire après les avoir relus.

C'est le cas de M. Henri Maréchal qui, après avoir fait applaudir tant d'œuvres musicales d'une sincérité profonde, d'une loyauté d'inspiration et de facture dignes du respect des connaisseurs, prend la plume et, à l'heure des cheveux gris, rassemble et publie ces « Souvenirs d'un musicien » où il évoque la vision heureuse d'une Rome déjà historique la Rome de sa jeunesse.

Dans un livre, ce ne sont ni les partitions ni les symphonies du compositeur que cherchera le lecteur. C'est l'écrivain et je dirai c'est l'homme. L'un et l'autre sont également sympathiques. J'ai reporté sur l'artiste — à qui la Comédie-Française doit plus d'une mélodie exquise — l'affection que j'avais pour son père, le dévoué collaborateur de la Société des Auteurs Dramatiques à qui l'association garde une cordiale reconnaissance. Je ne me doutais pas lorsque j'écoutais, rue de Richelieu, les plaintifs adieux de l'*Ami Fritz* que j'aurais à présenter, un jour, comme littérateur, le musicien applaudi dont le talent et la cordialité m'avaient à la fois conquis. M. Henri Maréchal est en effet un charmeur, à plus d'un titre. On trouvera dans les pages qui vont suivre les échos de la verve aimable de ce causeur qui est un maître. Causer, savoir causer, est un don, art spécial et un art tout français. Et causer la plume à la main est peut-être plus difficile encore que causer autour de la table ou, péripathétiquement, sur l'asphalte ou à travers bois. La causerie de M. Henri Maréchal (car ce volume est une suite de causeries) a l'attrait délicieux d'une jolie lettre écrite à un ami. L'ami ici, c'est le public qui adoptera bien vite l'auteur de *Rome* « Souvenirs d'un musicien » et qui l'applaudira de nouveau, comme au concert ou comme au théâtre.

Que M. Maréchal nous fasse pénétrer dans les classes du faubourg Poissonnière où se pressent les concurrents au Prix de Rome; qu'il nous conduise à travers la malheureuse France ponctuée de casques prussiens; qu'ils nous raconte l'existence intime des hôtes de la villa, la vie romaine et les courses, sac au dos, dans la campagne aux grandes lignes sévères comme un dessin d'Aligny ; qu'il nous présente les illustres que sa bonne étoile lui fit rencontrer, un Hébert, un Liszt, une princesse de Wittgenstein, toujours la simplicité charmante de son style, l'alacrité de sa belle humeur, l'émotion reconnaissante de sa mémoire nous laissent une heureuse impression de clarté et de plaisir. Ce n'est pas qu'il ait l'optimisme facile des satisfaits ; la vie lui a pour cela imposé trop d'épreuves ; mais il a le courage et la force et l'entrain des forts.

Et puis il aime, il sait aimer. Il aime cet admirable Ernest Hébert qui est bien, lui, le causeur le plus séduisant que je connaisse comme il est l'ami le plus tendre, le guide le plus sûr, le compagnon le plus fidèle, le maître le plus jeune aussi de tous les peintres immortels de la Femme. Henri Maréchal aime cette princesse de Wittgenstein dont Hébert fit le portrait et il nous donne de cette femme supérieure des lettres qui méritent de prendre place à côté des plus belles que la correspondance avec Franz Liszt et Hans de Bellow nous ait fait connaître.

M. Maréchal a voulu s'en tenir à ses souvenirs de Rome, aux chers camarades disparus, comme Blanchard ou Lafrance. Il pouvait nous donner sur Gounod comme sur notre cher Hébert, sur Hector Berlioz comme sur Liszt, des souvenirs précieux. Il a aimé et connu l'auteur de la *Damnation de Faust*, les auteurs de ces deux *Faust* qui sont l'honneur de l'École française. Ces autres souvenirs dont je sais tout le prix par les confidences du « musicien » il nous les donnera sans doute plus tard. Ce sera *Paris* après *Rome*. En attendant, lisons ces pages sur *Rome*, remontons avec M. Henri Maréchal vers notre jeunesse. Revivons les heures de rêve. Montons au mont Cassin, parmi les livres; entrons, en barque, dans la baie de Naples; écoutons les chansons de Santa Lucia, qui n'existe plus, et, avec ce Parisien épris de la vie romaine, faisons un voyage dans le passé, un voyage en Italie, dans une Italie qui ne connaissait pas à Venise les omnibus à vapeur, à Florence les tramways et à Rome les ponts de fonte ou de fer.

Je ne connais pas de meilleur guide que M. Maréchal vers l'Art et la Jeunesse. Le bon Montaigne, le fin et profond gascon, eût accepté avec joie de faire route vers la ville Éternelle avec ce gai, spirituel, alerte et mâle enfant de Paris, artiste jusqu'au sang et écrivain jusqu'aux ongles.

JULES CLARETIE.

9 mai 1904.

ROME

SOUVENIRS D'UN MUSICIEN

LE CONCOURS

La plupart des jeunes musiciens qui se présentent au concours de Rome ne sont que des musiciens ; quelques-uns, vrais privilégiés, ont grandi dans une atmosphère d'art, mais ceux-là ont toujours été en minorité ; le plus grand nombre n'a jamais su voir un tableau, un groupe ni un monument ; quelques lectures constituent tout leur fonds.

Est-ce un bien, est-ce un mal? Les deux thèses peuvent se défendre ; car, si les esprits préparés étendent certainement à Rome les connaissances acquises, les autres reçoivent le coup de foudre, à moins qu'ils n'aient apporté de Paris une forte dose de scepticisme !

Quoi qu'il en soit, Rome est pour tous quelque chose comme la terre promise, le premier port où l'on ira reprendre des forces après les luttes de l'École, naïves préfaces de celles que la vie réserve à la plupart d'entre nous.

Si l'on m'avait demandé quel but je poursuivais lorsque j'entrai au Conservatoire en avril 1866, j'aurais répondu : apprendre tout ce qu'on peut apprendre pour écrire ensuite des opéras. Je n'avais pas d'autre objectif ; quant au prix de Rome, je n'y avais jamais songé. L'eussé-je fait que le brusque contact avec les forts en thème de l'École m'eût bien vite donné à réfléchir !

Il y avait parmi ces jeunes gens, pour la plupart fort intelligents, de vieux lutteurs plusieurs fois *blackboulés* au concours, mais tenant bon néanmoins ! Ceux-là paraissaient très familiers avec ce qu'ils appelaient les *trucs de la patte* ; bien qu'il n'y ait qu'un *truc*, au fond, pour toutes les étapes de la vie : faire ce qu'on doit sincèrement d'abord, et de son mieux ensuite. Cependant le concours de Rome étant le but principal visé par les classes de composition, les études sont tout naturellement dirigées dans le sens de la double épreuve qui doit être passée pour y réussir.

En 1866, il y avait au Conservatoire quatre classes de composition, réduites à trois aujourd'hui, ce qui est bien suffisant ! Chacune de ces classes recevait huit élèves. Nous étions donc trente-deux ; chiffre énorme si on le compare aux rares débouchés qui s'offrent à la production de tant de travailleurs ! Tous les mois nous nous réunissions dans un banquet,

modeste comme nos ressources et gai comme nos
vingt ans ! Il s'y disait d'énormes bêtises mêlées à
quelques bonnes choses.

Age heureux !

Ah ! par exemple, en ces bruyantes agapes les
maîtres étaient vertement traités ! Haydn, Mozart ?
D'assommantes perruques ! Auber ? Un simple farceur ! Méhul, Hérold, Halévy ? quantités négli-
geables ! Berlioz ? Un fou ! Mendelssohn ? Un pâle
rêveur, au fond ! Beethoven ? Heu, Heu !... bien
vieillot... les quatuors cependant et la neuvième
symphonie avaient droit à quelque indulgence ! Mais
Schumann, en revanche, avait les honneurs du :
« Oh ! Oh ! » et même du « Ah ! Ah ! » en forme de
superlatif ! Enfin, les malins qui commençaient à
découvrir Wagner en racontaient de si rares merveilles à ceux qui n'en connaissaient presque rien,
que tout le monde finissait par tomber d'accord sur
le ramage de l'oiseau rare !

Eh ! bien, lorsque je me reporte à cette époque de
discussions violentes, d'où semblait devoir jaillir
tant de lumière, je ne puis m'empêcher de songer
que, sur ces trente-deux gladiateurs acharnés, nous
ne sommes guère plus de trois ou quatre ayant pu
réussir à nouer quelques relations avec le public ;
nous nous rappelons le nom de quelques autres,
quant au reste nous ne savons même pas ce qu'il est
devenu !

Heureusement pour les maîtres, n'est-ce pas ? Car

il est à croire qu'il n'en serait pas resté une note si cette armée de réformateurs avait daigné se mêler de l'affaire ! Du reste, rien n'a changé ; et l'opinion de nos jeunes musiciens sur les maîtres contemporains est exactement semblable à celle que nous professions jadis à l'égard de leurs aînés. Il en sera de cette jeunesse comme de la nôtre : elle s'éparpillera aux quatre vents, qui ne sont pas toujours ceux de l'esprit, et le crible implacable par lequel tous doivent passer ne retiendra seulement que ce qui vaut d'être retenu !

.·.

Dans ce concert de malédictions et de louanges outrancières, je faisais certes ma partie comme tous les autres ; mais j'étais surtout ébloui, je le répète, par les récits des anciens, et le concours de Rome m'apparaissait comme un de ces caps dangereux qu'on n'a que peu de chances de doubler heureusement. Être seulement reçu au premier concours me paraissait une victoire extraordinaire. Réussir au second me semblait un rêve inouï, invraisemblable, absurde et réservé seulement à quelques élus annoncés par les prophètes !

J'ai vécu quatre ans dans cet état d'esprit, ayant en croupe bien d'autres soucis familiers à tous mes camarades ! Enfin, poussé par quelques amitiés et surtout par mon maître, mon cher Victor Massé, qui répondait de tout, je me fis inscrire en avril 1870.

Le concours préparatoire dure six jours pleins : du lundi, 6 heures du matin, au samedi minuit. Pendant ces six jours, le concurrent est enfermé dans une chambre meublée d'un petit lit de fer, d'une planche de toilette, d'une table et de deux chaises de paille. Pas de piano ni aucun autre instrument de musique; il faut tirer tout de soi, comme l'araignée sa toile. La porte est fermée à double tour; la fenêtre est étroitement grillée; toute communication avec l'extérieur est interdite; les lettres reçues pour vous sont ouvertes et lues; enfin c'est la prison.

Le travail à faire dans ces conditions, et dans ce court espace de temps, se compose d'une fugue à quatre parties et d'un chœur avec orchestre, sur des paroles données par le jury, ainsi que le sujet de la fugue, au moment de ce qu'on appelle l'entrée en loge. En cage serait le mot plus exact.

Un matin de mai je sortis donc de chez moi vers cinq heures et demie pour me rendre au Conservatoire[1] où je trouvai mes camarades prêts à la lutte

---

[1]. Depuis 1899 les musiciens qui se présentent au concours sont logés au palais de Compiègne.

De 1803 (année où remonte l'admission des musiciens à ce concours) à 1862, il eut lieu à l'Institut.

C'est donc à la période de 1893 à 1898 que se rattachent les détails ci-dessus.

comme moi-même. Nous étions dix. Le règlement de l'Institut fixe à un maximum de six le nombre de ceux qui peuvent être admis au concours définitif.

Le plus jeune des membres du jury était désigné par celui-ci pour nous recevoir et nous dicter notre travail. Ce délégué était Georges Bizet.

Nous voilà donc au premier étage, dans le salon qui précède le cabinet du directeur, assis autour d'un de ces tapis verts comme on n'en voyait alors qu'au Conservatoire. Les coudes, frottés pendant les heures interminables des interminables concours, avaient donné à l'étoffe un luisant spécial où l'on retrouvait, comme en un miroir magique, les espoirs déçus, les joies inespérées des élèves, comme aussi les longs bâillements des juges dévorés par un incurable ennui !

Le silence n'était troublé que par la voix franche et claire de Bizet dominant le grattement des dix plumes.

« Personne n'a d'observations à faire ?... »

Nul n'ayant répondu, tout le monde se leva, et Bizet vint nous installer chacun dans sa cellule, non sans une bonne parole accompagnée d'une vigoureuse poignée de mains.

Le cric-crac de la serrure fait encore ressortir l'isolement dans lequel on se trouve tout à coup !... Sept heures du matin... la fenêtre donne sur l'église Saint-Eugène, dont l'orgue est parfois bien gênant... de rares passants à cette heure matinale ;... un silence glacial ! De cette porte, fermée sur vous comme celle d'un cachot, se dégage une sensation assez pénible, mais assez neuve aussi. Il faut avoir passé par là pour comprendre ce qu'est par exemple, dans ces conditions, la vue d'un oiseau qui vole dans le ciel. Vivre enfermé chez soi pendant un mois, avec la pensée qu'on en peut sortir à tout moment, n'a rien que de très naturel ; rester six jours sous des verrous dont un autre a la clef, provoque un malaise par lequel on comprend tout à fait ce qu'est le châtiment réservé aux prisonniers.

O Muse! ma chère, quel pénible décor !... Il est vrai que pour écrire une honnête fugue à quatre parties il n'est guère nécessaire de déranger les divinités d'en haut, surtout à des heures aussi indues : ce qu'il y a donc de mieux à faire est de rompre avec toute philosophie, et de se jeter au plus vite, tête baissée, dans les arcanes du contrepoint renversable !

A onze heures, le déjeuner est servi dans le grand foyer des artistes de la Société des concerts. On déjeune tous ensemble et très gaiement. On finasse sur le sujet du concours, et chacun suit ici la pente naturelle de son caractère. Il y a les malins qui tâtent le terrain et bravachent en se moquant des autres, pour amener une réponse qui peut servir de piste. Il y a les prudents qui restent impassibles. Il y a enfin les farceurs qui parlent d'autre chose. On se guette, on s'étudie. Dame! la partie est rude ; et dans cette mêlée, « chacun pour soi et Dieu pour tous! »

(*Les Huguenots*, acte III.)

Après le déjeuner, les concurrents vont prendre un peu d'air dans la petite cour du Conservatoire sous la surveillance du gardien assermenté de ces sortes d'animaux. A une heure, la cloche annonce le retour en loge jusqu'au dîner de six heures après lequel, jusqu'à neuf, commence dans la grande cour la légendaire partie de ballon : tradition léguée par les générations antérieures, et dont le but est de combattre, dans un exercice violent, ce que le travail sédentaire et acharné peut avoir de contraire à l'hygiène. — Oh ! les formidables coups de pieds ! Oh ! les effroyables gifles données à ce ballon ! c'est sur lui qu'on se venge de toutes les tribulations de la journée ! L'inouï recherché, l'effort suprême était de l'envoyer dans la rue Bergère par-dessus les toits ; l'inspiration joviale, le badinage exquis était de le loger dans les branches de l'infortuné marronnier du Conservatoire aujourd'hui disparu, comme un oiseau monstrueux s'abattant tout à coup sur cet arbre sans nids ; la fourberie raffinée, l'adresse hypocrite était de le lancer dans la fenêtre ouverte du vénérable M. Tariau !

Le vénérable M. Tariau était un professeur de solfège qui avait dû assister à la première représentation de *Joseph* en 1807 ; il faisait sa classe le soir de sept à neuf heures, et cherchait, sans grand succès, à initier les chanteurs aux subtilités des sept clés. Dans les rares accalmies de nos jeux, on entendait sortir de cette classe des sons vagues, sur les paroles, *do mi sol sol sol;* et nous répétions en chœur, *do mi sol sol sol,* ce qui faisait pouffer les élèves et agaçait énormément le vénérable M. Tariau. Lorsque la plaisanterie allait trop loin, il paraissait à la fenêtre et laissait tomber sur nous une sévère admonestation. On se tenait coi un instant, puis le grêle accord d'un vieux piano se faisait entendre, et la voix reprenait, *do mi sol sol sol,* que nous répétions de toute la force de nos poumons.

Un jour le ballon, lancé d'un pied plus habile qu'inconscient, alla tout droit tomber dans la classe, après avoir roulé dans le ruisseau. Un tumulte se produisit; quelques élèves parurent à la fenêtre en réprimant de folles envies de rire et nous faisant signe que quelque chose de grave allait se passer. En effet, le vénérable M. Tariau parut dans la cour avec un pantalon d'une éblouissante blancheur, sur lequel le ballon boueux avait désespérément virgulé son passage. La réprimande cette fois avait le caractère d'un véritable anathème! Ma foi, nous baissions le nez devant cette colère légitime, lorsque le malheureux orateur termina en annonçant qu'il allait écrire le détail des faits au ministre! Un fou rire nous prit alors et, sans qu'on sache au juste qui en est l'auteur, cette paraphrase de *Mignon* chanta sur toutes les lèvres :

> Oui, c'est Tariau, le professeur nomade,
> D'où vient-il? On l'ignore!
> On dit que le solfège a troublé sa raison!

Neuf heures sonnèrent fort heureusement pour terminer cette scène qui allait mal tourner; l'incorruptible gardien agita ses clefs, et, cinq minutes après, tout était rentré dans un silence monacal.

Chez soi il n'y avait plus à rire, et le pauvre Tariau était bien vengé ! Le terrible papier blanc semblait ricaner sous la plume ; l'encrier, d'où s'envolent parfois quelques bonnes choses en temps ordinaire, paraissait plus noir, plus silencieux encore, et le Moi unique, le Moi haïssable se retrouvait dans toute sa rigoureuse nudité : pas de piano pour s'entraîner, pour se rejouer les pages aimées : rien que la contemplation intérieure et muette des bonzes japonais, avec la hâte en plus, car ceux-là passent plus de six jours au seul examen de leur nombril !

Le souvenir de ce concours m'est resté comme celui d'un affreux cauchemar, et je plains encore sincèrement ceux qui le font chaque année.

Mon gros souci était d'arriver à temps ! Aussi étais-je levé à l'aube et installé au travail avant quatre heures du matin, très grognon, mais très résolu. Enfin, à la fin du cinquième jour, tout était terminé, ce qui me parut bien plus étonnant que la création du monde, laquelle a demandé un jour de plus au bon Dieu ! Il est vrai que je n'avais créé ni le ciel et la terre, ni le soleil et la lune, ni les animaux, ni l'homme et la femme ; mais à chacun son métier. J'aurais bien voulu voir le Père Éternel composant un chœur et une fugue en cinq jours !

Ces considérations, entachées je le confesse d'une certaine superbe, me causèrent une satisfaction qui se doublait du sentiment de ma liberté! La clef des champs était là, mais je retins heureusement ma folle envie de la saisir, et, profitant de la journée qui me restait, j'en employai la moitié à revoir, à nettoyer mon travail et à y mettre cette dernière touche qui est la meilleure quand elle n'est pas la pire !

Le samedi, à midi, je déposai ma partition au secrétariat du Conservatoire, et je courus chez moi me jouer ces notes écrites dans le silence. Je me hâte d'ajouter que je n'y découvris aucune révélation inattendue ! Puis j'allai chez Massé, qui me fit de très bonnes et de très salutaires critiques en m'assurant toutefois du succès.

Le lundi matin, le jury se réunissait dans la salle du petit théâtre, et nous passâmes successivement devant une table en fer à cheval, autour de laquelle dodelinaient neuf personnages tristes, paraissant fort ennuyés d'être arrachés à leurs affaires ou à leur sommeil. Aidé d'un camarade, chacun vint jouer sa fugue et son chœur, dont la partition était ouverte devant le président ; après quoi, les coupables se retirèrent, en saluant respectueusement l'aréopage impassible.

Comme mise en scène, on le voit, il n'y a pas de luxe inutile : tout cela est sage, correct, et celui qui trouverait que le tableau manque de gaîté ne serait qu'un mécréant indigne.

Après la délibération du jury, un huissier sortit du sanctuaire, annonçant que sur dix concurrents, cinq étaient éliminés et cinq reçus ; j'étais parmi ces derniers avec le numéro 3 !

Ma joie fut grande, excessive !... Pour la première fois, la vision de Rome m'apparut nettement; car jusque-là mon unique souci avait été de ne pas échouer à la première épreuve.

Huit jours nous séparaient du grand concours. Celui-ci dure vingt-cinq jours et se fait dans les mêmes conditions que le premier, avec cette différence capitale, toutefois, que le logiste a droit à un piano dans sa chambre. Un piano, c'est-à-dire un ami ! Une sorte d'hippogriffe pour s'en aller dans le monde ailé de la musique ! Ce n'est pas qu'on ne puisse travailler sans cet outil; mais s'il est facile de chercher quelques notes en marchant, dans le silence ou même dans la foule, sans limite de temps, à son heure et selon la disposition du moment, le concurrent, avec ses seuls vingt-cinq jours, doit chercher le chemin de traverse, et le piano le lui offre sûrement.

Ces huit jours qui séparent les deux concours ont la durée de huit mois !

Enfin le lundi fixé arriva et nous retrouva cinq assis autour du fameux tapis vert, Bizet dictant, et, nous, écrivant les paroles de la cantate; car on sait que c'est sur une cantate que les jeunes concurrents doivent exercer leurs petits talents.

On sait aussi que la cantate est une formule poétique dans laquelle excella Jean-Baptiste Rousseau. La pâleur lui en était douce et chère ; il en aimait le langage éploré : que les siennes soient légères au lecteur qu'elles endormiront. Celles qu'on donne au concours de Rome sont calquées sur le même modèle. On les connaît toutes après en avoir lu deux ou trois. On y trouve toujours au premier plan un jeune homme amoureux d'une jeune dame empêchée ; puis, au fond, un monsieur qui n'est pas content. Le jeune homme chante, la dame aussi ; il s'ensuit un duo, au bon moment duquel le monsieur du fond intervient, ce qui amène un trio dans lequel le moins heureux des trois est occis.

Mon Dieu, si l'on y réfléchit, c'est à peu près tout le fond des chefs-d'œuvre de l'Opéra ; ce qui prouve que la formule n'est pas tant dégoûtante, aurait dit Molière ; et je tiens qu'un musicien bien sain peut encore s'en accommoder !

Ne serait-ce pas parce qu'elle est elle-même comme l'image de la vie où toujours celui-ci désire ce que celui-là ne veut pas donner ? Raoul, Marguerite, Brogni sont des fantoches dans lesquels le public se retrouve... et les anciens savaient déjà que le public n'aime que ce qu'il connaît.

La cantate qu'on nous dicta était, bien entendu, inédite ; elle était aussi fort longue ! Nous commencions à être épouvantés du travail musical qui se cachait derrière toute cette copie, lorsque notre cas s'aggrava encore par la venue de l'un de nos juges, retardataire maudit, qui nous invita à ajouter une petite symphonie, en manière d'agrément, dans une scène qui en avait déjà bien peu ! Si jamais fâcheux a été mentalement envoyé au diable, c'est bien celui-là, et avec une unanimité dont il ne s'est jamais douté.

A une heure, nous étions enfermés de nouveau pour vingt-cinq jours.

...

Tout le monde a passé par ces alternatives d'angoisses et de joies dont est faite l'attente d'un résultat convoité. Le logiste qui les ignorerait encore fait là leur connaissance. Aujourd'hui il s'arrachera les cheveux, ce qui ne saurait avoir de grandes conséquences à son âge; demain il sentira ses ailes grandir démesurément ! Il faut lui passer ces heures roses en faveur des autres d'abord, et aussi pour le prix dont il les paiera plus tard ; car, avec le temps, il pourra s'assurer que si les ailes tombent, les cheveux ne restent pas !

Rien de saillant à noter dans le souvenir de ces trois semaines de réclusion, si ce n'est, un jour de pluie, une partie de dominos avec un jeu emprunté au fidèle gardien qui n'y jouait pas ! Il y eut un coup où nous nous trouvâmes trois avec le six-as dans la main ! Ces choses-là n'arrivent jamais dans la vie réelle.

A la fin du vingt-troisième jour, j'avais terminé ma besogne : j'employai une bonne partie du suivant à la relire, et le soir même j'étais libre, mais ahuri de musique et littéralement surmené par ce régime de trois semaines à l'allure d'un travail journalier de 18 à 19 heures.

C'est ici que commence un supplice oublié par les Chinois sur leur palette déjà riche ! L'aspirant Romain doit, en quinze ou vingt jours qui le séparent du concours, chercher et même trouver trois chanteurs de bonne volonté ayant assez de dévouement pour apprendre, répéter et venir chanter devant le jury une partition dont la durée est à peu près celle d'un acte d'opéra. Il faut frapper à vingt portes avant de réunir ce trio. Il y a d'abord les refus bien nets, ce sont les meilleurs ; puis il y a les « oui » conditionnels, ce sont les pires. Celui-ci demande une semaine pour voir si le rôle est dans sa voix ; cet autre est sous l'influence d'un rhume qui le fatigue encore ; un troisième s'attend à être père vers la date fixée et ne peut répondre de rien. On n'en finirait pas si l'on voulait énumérer toutes les raisons opposées à la demande du malheureux, qui tombe dans la vie de tous ces gens comme une pierre dans une mare ! Il faut une patience, une diplomatie, une résignation dont on n'a pas l'idée quand on n'a pas passé par là ! Sans compter que les transes se renouvellent chaque jour, et qu'au dernier moment le rôle est décidément trop haut, le rhume trop tenace et l'héritier trop imminent ! Il faut alors tout recommencer avec de nouveaux chanteurs, froissés qu'on n'ait pas songé à eux d'abord... Horrible ! Horrible ! Horrible !

Eh bien, malgré cela, on s'en tire comme on se tire de tout avec de la santé d'abord, du travail et de la volonté ensuite.

Enfin, après cent efforts, le matin du concours j'étais prêt à la lutte et me sentais bien défendu par trois excellents chanteurs que je tiens à remercier encore à cette place : c'était le ténor Bosquin avec le baryton Caron, tous deux de l'Opéra ; et Mlle Daniele, de l'Opéra-Comique, qui a sans doute quitté le théâtre peu après, car je n'en ai jamais entendu reparler.

C'était le 5 juillet. Il est des dates qu'on n'oublie jamais !

Pendant que défilaient le n° 1 et le n° 2, nous attendions, mes chanteurs et moi, dans le salon du directeur, et nous ne causions guère ! Ce sont de ces jours où l'on a la joue droite en feu et la joue gauche gelée ; où l'on répond aux gens à la manière des sourds, avec les dents serrées et sans pouvoir maîtriser un tremblement nerveux qui vous secoue du haut en bas en vous aplatissant la poitrine.

La porte s'ouvre.

« Le numéro 3 ?.

— Présent. »

Et nous voilà introduits dans la salle du petit théâtre. Autour de la table en fer à cheval, le jury toujours impassible ; — sur la scène, trois chaises pour les chanteurs ; derrière eux, un grand piano à queue.

La voix du président :

« Commencez ! »

Une dernière palpitation, et le premier accord tombe sur le clavier.

Une fois l'exécution en cours, l'émotion semble s'évanouir. On se sent en eau profonde; il s'agit de ne pas couler : aussi est-ce avec une lucidé parfaite qu'on surveille la moindre défaillance des trois combattants. Ceux-ci sont un peu désorientés au début, car, malgré tous leurs efforts, le jury n'est pas comme le public habituel : son devoir est de rester impénétrable et silencieux.

Cependant, avec cette sorte de divination qui résulte de l'ensemble des facultés tendues vers un même point, il est encore possible de discerner si le courant magnétique qui s'établit entre la scène et la table est favorable ou non.

Tout s'achève dans le même silence, et le n° 3 disparaît pour faire place au n° 4.

Enfin, après trois bonnes heures, tout était terminé, et le jury resté seul, délibéra. Quelques minutes étaient à peine écoulées, que la porte de la salle se rouvrit, et l'huissier m'appela.

C'est un des plus jolis coups de poing dans l'estomac que j'aie reçus de ma vie !

Trébuchant, avec des jambes en coton, dans l'impossibilité absolue d'articuler un son, je fus introduit de nouveau dans la salle où nos juges étaient debout et, pour la première fois, avec des visages souriants.

Auber, président, se tenait au milieu d'eux et me dit en me tendant la main :

« Monsieur, le jury vous a décerné le grand prix de Rome. »

Deux sources jaillirent de mes yeux pendant que toutes les mains cherchaient les miennes. Je passe sur toutes les bonnes et réconfortantes choses qui me furent dites et qui me payèrent bien de ma peine ! Bizet surtout me témoigna des sentiments si particulièrement affectueux, que, de ce jour, l'admiration que j'avais pour son talent se doubla d'une amitié qui ne s'est éteinte qu'avec lui.

Ce concours avait été exceptionnellement intéressant, car, sur mes quatre compagnons, trois obtinrent la grande récompense dans les années qui suivirent et sont aujourd'hui fort avantageusement connus. Quant au quatrième, nous n'en avons jamais entendu reparler ; les journaux de musique ont annoncé sa mort il y a quelques années.

Ma joie n'eut guère de lendemain, car quelques jours après, le 5 juillet, la guerre était déclarée !

INTERMÈDE SOMBRE

La guerre ? Eh bien oui, la guerre !
Qu'est-ce que cela nous faisait au début ?... On était plein d'entrain ; on accompagnait les soldats aux gares en chantant, et le lendemain chacun retournait à ses affaires ou même à ses plaisirs ! Au Théâtre-Français, Agar, dans *Horace*, déclamait la *Marseillaise* sous le peplum de Camille ! A l'Opéra, Faure chantait magistralement ce chant, si longtemps interdit, avec un drapeau tricolore dans les mains, au beau milieu de pêcheurs napolitains dont il portait lui-même le costume dans la *Muette de Portici*. Le public écoutait debout et chantait avec les chœurs, dans l'ensemble de la fin ! Je me souviens que, me trouvant un soir sur la scène de l'Opéra, Massé m'entraîna derrière les masses, et, plein d'enthousiasme, se découvrit et chanta de toutes ses forces, tenant son chapeau en l'air !... Ce spectacle était d'autant plus imposant que tout le monde semblait profondément convaincu.

Cependant, sans être descendants des Sibylles

antiques, quelques-uns dans leur cœur, éprouvaient une secrète terreur devant ces bruyantes manifestations; ils pensaient que la guerre est une extrémité terrible et pleine d'inconnu; que le recueillement est une préface meilleure aux héroïques vertus du soldat, et qu'au moment où l'on peut succomber, c'est tout en haut qu'il faut regarder.

Mais on n'était pas accordé dans ce mode mineur.

Aux premiers jours mauvais, on apprit le départ pour l'étranger de beaucoup des chauvins encombrants de la première heure; d'autres, parmi eux, se faisaient voir dans des uniformes extraordinaires! La belle conduite du plus grand nombre a fait pardonner à ces farceurs de tous les temps, dont un provençal disait : *Nous, au moinsse, nous sommes du Midi; mais eusse... ils sont du midi et de-mi!*

Souhaitons que les chants nationaux ne viennent plus interrompre nos opéras en temps de deuil ou de fête. Une action dramatique n'a rien à gagner à l'addition d'un chant national qui lui est étranger; quant à celui-ci, présenté au milieu de décors et de costumes sans liens avec lui, il ne peut que provoquer des critiques dans lesquelles il laisse fatalement un peu sinon beaucoup de son prestige.

Les humbles limites de ces souvenirs ne sauraient donner une place digne de lui, au plus court chapitre d'histoire de la guerre de 1870. Cette histoire a été cent fois écrite et bien écrite. La moralité consolante qui s'en dégage, après tant d'années déjà, c'est que la part de gloire et d'honneur laissée au vaincu est encore assez grande pour que la légende puisse y greffer le nimbe d'or qu'elle garde aux luttes héroïques des grands peuples!

Je n'évoquerai donc de ces jours néfastes que le souvenir des faits qui se rattachent étroitement à mon sujet, et je me hâte de revenir à l'Opéra, à propos de cette *Muette de Portici* dont la reprise avait eu lieu dans les premiers mois de 1870. Un soir de répétition générale, Auber était installé au milieu des fauteuils d'orchestre, devant une planchette qu'on avait fixée, et sur laquelle une lampe posée éclairait la grande partition d'orchestre. Le maître ne fit que peu ou pas d'observations. En revenant chez lui, où je l'accompagnais, il rencontra l'un de ses amis, que j'ai su depuis être Blaze de Bury. Celui-ci exaltait fort l'importance de cette reprise d'un opéra âgé de plus de quarante ans alors. Auber ne disait pas grand'chose et se contentait de quelques « Heu! Heu! » ou de rares « Hou! Hou!... » On sait qu'il parlait peu et que, lorsqu'il s'y décidait, c'était pour laisser tomber le mot juste, souvent très fin, qui résumait l'entretien. Tout à coup, il s'arrêta et, posant la main sur le bras de Blaze du Bury, il lui dit : « Mon cher ami, je viens de relire et de réentendre cette partition !... Eh bien !... ce n'est pas cela qu'il fallait faire! » Et il se remit à marcher. Je fus frappé de cette réponse, qui révélait un rare sens critique de soi-même gardé par un musicien universellement applaudi. Quelle leçon de modestie pour bien d'autres que nous connaissons !

.·.

Aux termes du règlement de l'Institut, les lauréats du prix de Rome doivent être arrivés à la villa Médicis à la fin du mois de janvier de l'année qui suit leur nomination. C'est à partir de cette date qu'ils deviennent réellement pensionnaires de l'État pour quatre années. Notre départ devait être commun avec mes condisciples de l'École des beaux-arts, et nous l'avions fixé aux premiers jours de décembre.

Ce voyage de Rome, que les anciens nous recommandaient avec raison de mener lentement, avait ses traditions comme tout ce qui se rattache à la villa Médicis. Les vétérans racontaient qu'on le faisait jadis au moyen d'une voiture spéciale qui partait de la rue Guénégaud et arrivait à Rome en six ou sept semaines. — A la voiture près, nous étions bien d'accord pour déguster la route à petites journées.

Cependant, dans les premiers jours d'août, l'horizon s'assombrissait terriblement ! Chaque jour apportait des nouvelles contradictoires où l'on sentait bien que le noir l'emportait sur le blanc; c'était un éternel qui-vive; et dans l'angoisse générale, une seule discussion, toujours la même, occupait les esprits. Quant au travail, on n'y pouvait songer. La besogne forcée de l'extérieur était encore possible :

mais le travail intellectuel du chez soi était impraticable. Tout le monde n'a pas la sérénité de Félicien David, qui écrivait tranquillement son mystère l'*Éden* pendant que les balles de 1848 cassaient ses carreaux !

A la fin d'août, les optimistes de la première heure avaient décidément disparu de l'horizon parisien. Les communes des environs refluaient sur la capitale ; partout on sentait l'inquiétude et le désarroi.

Je retrouve une lettre de ce temps, qui apporte une note pittoresque dans le tableau.

J'étais organiste aux environs de Paris, et le mois d'août était ordinairement l'un des plus brillants pour la petite paroisse. Le dimanche matin, à la grand'messe, il y avait foule : toutes les belles dames en villégiature venaient faire leurs dévotions dans de coquettes toilettes d'été, et, de la tribune de l'orgue, le chapeau de toutes ces pénitentes offrait à l'œil un véritable parterre de fleurs. Peu à peu la petite église se vida, et, finalement, je reçus cette lettre significative du curé, un type spécial qui, avant la soutane, avait porté l'uniforme et en avait gardé la rude franchise.

PAROISSE
DE
SAINT-NICOLAS

COMMUNE DE ***

31 août 1870.

« Mon cher Ami,

« Vous avez pu compter dimanche dernier à la grand'messe vingt-sept personnes dans la nef, et dimanche prochain il y en aura moins encore ; il faut donc que momentanément le conseil de fabrique avise à faire quelques économies : car si point de chaises, ni quêtes, ni convois, impossible de payer quand on n'a pas grand'chose en caisse. Par conséquent, nous ne pouvons garder deux organistes : un seul suffit bien pour le temps présent. Plus tard, aussitôt que nous pourrons reprendre nos anciennes habitudes, je vous le ferai savoir.

« Votre dévoué serviteur,

« X.... curé. »

Je répondis que j'attendrais des temps meilleurs en restant à mon poste, et que je n'abandonnerais pas mon cher orgue, à qui j'avais raconté tant de choses pendant cinq ans ! Les deux premiers dimanches de septembre, cela alla encore ; mais le troisième, on ne pouvait plus passer. Paris était bloqué.

Le directeur de l'École des beaux-arts nous fit venir, mes camarades de voyage et moi, et nous recommanda de rester à sa disposition afin de pouvoir partir à Rome du jour au lendemain !

Nous nous réunissions tantôt chez moi, tantôt sur la rive gauche, au café de Fleurus, près le Luxembourg, où le sculpteur Lafrance me présenta à quelques anciens de là-bas, célèbres déjà et devenus illustres depuis. D'autres fois encore, la réunion avait lieu au café de l'Univers, place du Théâtre-Français, à la table légendaire d'Alfred de Musset. Là, c'était le peintre Blanchard qui était notre amphitryon ! On parlait beaucoup des événements et un peu de l'Italie. Blanchard était pensionnaire en congé, et s'était trouvé pris dans Paris au moment de retourner à Rome.

Dans ces conversations vives et spirituelles sur l'art, il me semblait entendre une langue nouvelle !

Avant cette époque, j'avais fort peu voyagé et je n'avais jamais mis le pied dans un atelier; le langage spécial qui s'y parle me faisait tomber d'étonnements en étonnements. Au bout de deux ou trois soirées, je compris que l'esprit des coulisses et de l'asphalte parisien n'est pas tout, et ce que j'entendis là fut comme la préface des révélations qui m'attendaient de l'autre côté des monts !

Lafrance et Blanchard sont morts en plein talent laissant d'unanimes regrets. Le premier était un joyeux compagnon, bon, sincère, un peu naïf et plein de cœur; l'autre était un fin sceptique, voyant largement la vie, et rempli de sentiments généreux avec un esprit fort distingué. C'étaient deux amis sûrs et je les ai longtemps pleurés.

Mais comme marchaient les événements !

Toujours sous le coup d'un départ, qu'on nous annonçait sans cesse pour la semaine suivante, nous piétinions dans la garde nationale, sans officiers, et entourés de toutes sortes de gens qui faisaient énormément plus de bruit que de besogne. Les marches militaires, le service des bastions et celui des postes intérieurs ne nous laissaient que fort peu de temps.

Je ne crois pas avoir ouvert trois fois mon piano dans ce sinistre hiver où Pasdeloup cependant continuait ses concerts du dimanche ! Mon commandant m'ayant demandé une marche pour le bataillon, il me fut impossible d'en venir à bout; j'étais anéanti.

Vers la fin de janvier nous étions pour la plupart dans une prostration complète. On fumait silencieusement pendant des heures, puis on se quittait sans un mot, avec un serrement de main, comme des gens qui ne savent pas s'il y aura un lendemain.

Tous les espoirs étaient morts... cela pouvait durer toujours... on ne savait plus !

. . . .

Enfin, le 13 février nous reçûmes un passeport diplomatique, avec l'avis de quitter Paris immédiatement.

On ne se le fit pas dire deux fois !

Mais les événements avaient singulièrement modifié nos premiers projets ! Chacun de nous avait en province un proche parent à retrouver vivant ou mort; car, si nos lettres parties de Paris par ballon arrivaient assez exactement, celles qui y venaient par le même chemin n'arrivaient souvent pas du tout. Nous étions dévorés de cette inquiétude, ajoutée à tant d'autres, et notre premier souci, puisqu'on pouvait enfin passer, était d'aller d'abord à la découverte. Il fut donc arrêté que chacun tirerait de son côté et qu'on se retrouverait à Nîmes le 20 février pour faire route ensemble vers l'Italie.

J'arrêtai mon départ pour le 15.

Ah! ce départ!

L'été précédent, au temps où l'on pouvait faire des projets, je me l'étais imaginé le soir, après quelque joyeux dîner en compagnie des parents attendris et des vieux amis restant pour les consoler! La conduite à la gare; les dernières recommandations; les bons baisers de la mère et de la bonne mère-grand, avec le père qui ne veut pas avoir l'air de pleurer!...

Hélas!

Le matin du 15 février, par un temps sombre et pluvieux, je quittais vers sept heures la maison solitaire, sans un parent, sans un ami. Seul, le portier, loustic parisien à la voix éraillée, me gratifia sur le pas de la porte d'un « Bon voyage, monsieur! » et ce fut tout.

LE VOYAGE

On ne passait que depuis deux ou trois jours, et l'on ne pouvait encore songer à emporter de bagages. Les miens devaient m'être expédiés plus tard. En attendant, mon sac de soldat bien bourré, représentait tout mon équipage. Fixé sur le dos, il accompagnait un costume où se retrouvaient encore quelques vestiges d'uniforme ; un chapeau de voyage avec un solide bâton dans la main complétaient l'ensemble, qu'on pouvait bien plutôt attribuer à quelque courtier de commerce mâtiné de franc-tireur, qu'à un musicien en route pour la Ville Éternelle !

Dans cette tenue, que les circonstances expliquaient, je m'acheminai vers la gare Saint-Lazare où je devais prendre à huit heures l'express du Mans !

Le Mans !... pour aller à Rome !

Tous les miens y étaient réfugiés.

Une dépêche reçue la veille m'avait enfin annoncé qu'ils étaient vivants : je ne serais pas parti content.

si je ne les avais embrassés avant de mettre quatre cents lieues entre eux et moi.

Le train était rigoureusement complet. Beaucoup de gens s'en allaient, comme moi-même, à la découverte des leurs.

A huit heures précises, on se mit en marche lentement.

Toutes les voies étaient encombrées par des trains d'approvisionnement qui affluaient serrés vers Paris affamé. On garda cette allure jusqu'à Asnières, où l'on s'arrêta.

En passant sur le pont du chemin de fer qui était resté debout, je pus voir à droite celui des piétons et des voitures qui avait été détruit. Sur les décombres des deux culées se détachaient deux factionnaires en sentinelles. L'un, du côté de Paris, était un pauvre petit *moblot*, grelottant dans un mince uniforme couvert de tache et de boue. L'autre, du côté d'Asnières, était un grand gaillard rougeaud sous un casque à pointe, les jambes dans de solides bottes, avec une chaude capote sur le dos, et fumant sa pipe l'arme au pied. Ces deux hommes, d'aspect si différent et debout sur ces ruines, étaient comme la synthèse vivante de toute la guerre!

A la station d'Asnières, à gauche de la voie de Versailles, sous la petite véranda qu'on voit encore, plusieurs officiers allemands étaient assis autour d'une table chargée de papiers. Un jeune lieutenant wurtembergeois tout de bleu vêtu, propre, joli, ciré, automatique comme un jouet, vint ouvrir la portière du wagon et, avec une courtoisie qu'il faut reconnaître, nous demanda nos passeports dans un irréprochable français. Ces papiers étaient portés sous la véranda où ils étaient examinés avec soin puis estampillés. Quelques voyageurs, qui, sans doute, ne se trouvaient pas en règle, furent invités à descendre pour être ramenés à Paris. Le même officier nous rapporta nos passeports et, après un arrêt assez long, le train se remit en marche toujours très lentement.

De chaque côté de la voie manœuvraient dans la campagne des compagnies de soldats allemands.

A Viroflay on prit le raccordement qui relie la ligne de la rive droite à celle de la rive gauche, et le train s'arrêta de nouveau à Versailles, dans la gare des Chantiers. Les quais étaient remplis d'officiers et de soldats allemands traînant bruyamment leurs sabres. Sur les voies de garage se suivaient, serrés, des fourgons à bagages transformés en ambulances ; par leurs rares ouvertures on voyait surgir des têtes jaunes, affreusement hébétées, spectres hideux de la souffrance, que cachaient mal les branches vertes fixées comme des palmes triomphales aux quatre coins de ces charniers roulants.

A Versailles quelques formalités nous retinrent encore, et le train prit enfin sa vitesse normale sur la ligne de Bretagne.

De nombreux arrêts dans cet express allemand !

A Rambouillet, un fou monte dans notre compartiment déjà complet. On veut le renvoyer; il pleure, il menace, il supplie, et, moitié poussé par le conducteur, moitié tiré de l'intérieur, l'homme s'assied parmi nous, pendant que le train repart. C'est un médecin. Il a tout vu : sa maison a été pillée et les siens emmenés : il va à la découverte du côté de Chartres... il ne sait pas bien où; et puis il rit en parlant du Sénat, et pleure abondamment au souvenir d'un moulin à café que les Prussiens lui ont pris!... La guerre! Partout sa hideuse image! L'incendie, la mort, les souffrances atroces, les séparations brutales, la folie des uns, la ruine sans merci des autres, la guerre enfin! Et il y a toujours des gens qui songent à la faire! Quels abominables gens! Et quand donc le chameau populaire, comme disait Garibaldi, las de les porter, secouera-t-il ses fortes épaules pour les jeter à terre et les fouler de ses pieds!

A Chartres, à Nogent-le-Rotrou, partout des fusils et des sabres avec des hommes rivés à toute cette ferraille!

.

Les Anglais ont l'habitude louable de ne jamais adresser la parole à quelqu'un qui ne leur a pas été présenté. L'usage est excellent, et c'est surtout en voyage qu'il faut le pratiquer. Pour un causeur agréable, on est exposé à subir le bavardage de plusieurs fâcheux, la grossièreté de pas mal de goujats et la niaiserie de beaucoup d'imbéciles. Nourri de cette doctrine, je restais dans mon coin, bien sombre et l'âme bien noire au milieu de tous ces deuils ! Cependant, les hasards d'un voyage accompli dans de telles circonstances avaient forcément amené quelques échanges de paroles entre les voyageurs de ce même compartiment. D'eux d'entre eux allaient à Angers retrouver leur femme et leurs enfants. C'étaient des gens fort bien élevés; l'un était architecte de la compagnie du chemin de fer de Lyon, l'autre commerçant dans le quartier du Sentier. Une sorte de sympathie nous attirait l'un vers l'autre ; et puis Angers était sur la route de Nîmes, les communications étaient difficiles;... bref, d'instinct, nous sentions que la Belgique a des aphorismes sans réplique, et que décidément l'union fait la force.

En arrivant au Mans vers quatre heures, il avait été décidé que nous nous retrouverions le soir pour arrêter les moyens d'aller plus loin, car il ne fallait pas songer au chemin de fer accaparé par les Allemands pour l'usage exclusif de leurs troupes.

Je passe sur la scène émouvante qui m'attendait a milieu de ma famille, retrouvée après une séparation de cinq mois, et quels mois ! Nous n'en finissions pas de nous raconter les choses vues et souffertes ! Enfin le dîner fut comme un rayon de soleil dans nos cœurs assombris. Pardieu, on n'était pas sortis d'affaire ! Au milieu d'une bouffée de causerie, on entendait tout à coup, dans l'escalier, le pas lourd d'un soldat qui rentrait en chantant chez lui !... Chez lui ! Mais enfin on était réunis, et ceux qui s'aiment savent aussi tout ce qu'il y a dans ce mot !

Un des souvenirs à côté, mais pittoresque, de cette scène, fut l'éblouissement que me causa la blancheur du pain. A Paris, nous avions insensiblement descendu la gamme du blanc au brun terreux, et l'œil avait perdu peu à peu jusqu'au souvenir de la couleur normale.

Après le dîner, j'allai retrouver mes compagnons de route qui avaient déjà frêté une voiture pour le lendemain. Dans la ville, ce n'étaient que casques pointus; les cafés en étaient pleins comme les hôtels. Tout étant bien arrêté pour la suite du voyage, nous n'avions plus qu'à nous serrer la main en nous disant bonsoir.

Le 16 au matin, après un dernier et tendre adieu à tous dans la maison, je me trouvais au rendez-vous dès le petit jour, et nous quittions le Mans vers six heures, dans une sorte de break délabré, où l'on avait attelé un cheval exténué. Nous allions à la Flèche.

— Après avoir franchi le pont de la Sarthe, resté à peu près intact à la suite de divers combats, il n'était que trop visible que notre malheureux cheval ne parviendrait que difficilement à faire les 42 kilomètres de la route. Le voiturier nous expliqua que tous les fourrages étaient réquisitionnés, et que les habitants en étaient réduits à nourrir les bestiaux et les bêtes de somme avec ce qu'ils pouvaient trouver.

On laissa les sacs de voyage dans la voiture, et nous fîmes une bonne partie de la route à pied pour alléger la charge. Vers midi, nous arrivions à Foulletourte, où nous faisions la halte du déjeuner. Le village était plein de uhlans. Nous avions beau tourner le dos aux fenêtres de la rue, le pied des chevaux sur le pavé nous rappelait ce que nous ne voulions pas voir, et le repas était silencieux.

Enfin, après avoir donné au cheval un bon sac d'avoine, difficilement obtenu, et que la pauvre bête dévora avidement, on se remit en marche pour les 20 kilomètres qui restaient encore à faire.

La route traversait de petits hameaux en bordure. Sur le seuil des maisons, toujours un uniforme. De loin en loin un poste. Enfin à l'entrée d'un petit bois, le voiturier allongea le bras et du bout de son fouet nous montra un factionnaire en nous disant : « Tenez, voilà le dernier ! »

Nous n'avions pas fait cent mètres dans ce bois, que nous ne pouvions plus résister à notre émotion. Il nous fallut descendre de la voiture ; nous ne tenions plus en place ; nous nous serrions les mains avec effusion. Nous rentrions en France ! Nous sortions de ce cercle de fer qui nous étouffait depuis de si longs mois ! C'était la patrie, enfin, la France retrouvée !... La France à quinze lieues d'Angers !

Le factionnaire laissé en arrière nous regardait niaisement. Il ne pouvait nous entendre ; mais il assistait à une pantomine dont le sens lui échappait évidemment.

L'air nous parut plus léger, le ciel moins sombre : la colombe de Noé nous revenait avec le petit brin vert dont la couleur est devenue celle de l'espérance, et ce fut dans nos âmes comme l'éclair d'une joie depuis longtemps envolée !

A la Flèche, le temps était redevenu beau ; nous y arrivions vers quatre heures, et il nous restait encore assez de jour pour aller plus loin. Le voiturier s'y refusa ; ce que voyant, chacun reprit son sac et l'on continua sur la route d'Angers. Une charrette de paysan rencontrée dans le même sens prit notre bagage, et nous suivîmes à pied, tandis que le charretier nous racontait ses misères, communes à tant de pauvres gens !

A la nuit close nous arrivions à Durtal, un gentil village bâti sur le bord du Loir. Un *Lion d'or* ou un *Cheval blanc* nous offrit bon souper, bon gîte et le... sommeil dont nous avions grand besoin !

Le lendemain matin, à sept heures, une vieille diligence reprenait pour la première fois le service d'Angers, dont 33 kilomètres nous séparaient encore. La patache était surchargée de gens et de bagages ; ce fut à grand peine que l'on put se loger sous la bâche, où nous étions plutôt debout qu'assis, moins assis que couchés et encore moins couchés que repliés sur nous-mêmes ! La route était défoncée par le passage de l'artillerie ; de loin en loin des levées de terre

barraient le chemin, obligeant ainsi notre véhicule
à tourner l'obstacle au péril de verser à chaque effort
ou de répandre l'auditoire dans une mare de boue.
Cet affreux voyage dura cinq heures. Nous arrivions
à Angers vers midi et je quittai mes aimables compagnons de route arrivés au terme de leur voyage.
Je ne les ai jamais revus.

.·.

J'allai d'abord au chemin de fer où la combinaison
la meilleure était de prendre un train dans la journée
pour aller coucher à Niort. J'avais trois heures devant
moi. Après avoir déposé mon bagage et déjeuné à la
gare, je m'en allais le nez au vent, furetant dans
cette vieille ville si curieuse, lorsqu'au détour d'un
large boulevard j'assistai à un spectacle que je n'ai
jamais oublié. Entouré d'un petit état-major, je vis
arriver le général Jaurès, mort depuis ministre de la
marine ; car on sait que l'amiral Jaurès, pendant la
guerre, avait pris du service dans l'armée de terre,
où sa belle conduite lui valut les étoiles.

Le général arrêta son cheval à l'angle d'une rue et
je vis immédiatement défiler devant lui un lambeau...
une épave de l'armée de la Loire.

Oh ! les malheureux !

C'était une confusion de toutes les armes : soldats
de la ligne, zouaves, cavaliers démontés, artilleurs
sans canons, tous paraissant exténués ; couverts

d'uniformes sordides, avec des armes en partie faussées, ils étaient presque pieds nus. Quelques-uns avaient autour de la tête des linges pleins de sang ; d'autres portaient le bras en écharpe ; ceux-ci, boitant s'appuyaient sur un bâton ; tous enfin témoignaient de luttes terribles, acharnées ; et puis au milieu de ces spectres une loque trouée, déchirée, mais dont les ors usés rayonnaient encore à nos yeux, à nous, c'était le drapeau !

On se découvrit en silence devant ces hommes. C'était la France meurtrie qui passait, et le général avait beau mordre sa moustache noire, des larmes coulaient sur ses joues comme sur les nôtres.

J'avais vu cela au retour de Champigny ; mais là on avait pu se croire vainqueurs un moment ; en tout cas on savait qu'on leur avait fait payer effroyablement cher la victoire du nombre ! Ici, sans la fumée de la lutte, sans l'entraînement du bruit, dans le silence de cette foule respectueuse, c'était effrayant !

Je m'en allais bien triste, bien ému de ce spectacle, lorsque sur le chemin de la gare, je fis la rencontre d'un de mes vieux camarades du Conservatoire, violoniste à l'ordinaire et brigadier de chasseurs en la circonstance. Il s'était fait blesser à l'un des derniers combats, et s'en allait chez lui, à Toulouse, en congé de convalescence.

Toulouse ! Mais c'était toujours mon chemin ; et comme il était évident qu'il allait falloir louvoyer pas mal encore avant de trouver les voies libres, la rencontre d'un ami était doublement une bonne fortune !

A Angers, les trains et les quais étaient encombrés de soldats ; mais au moins ceux-là étaient des nôtres. Après bien des arrêts, on arriva enfin à Niort fort tard.

Ici, un épisode amusant malgré son lien avec la guerre. A l'hôtel, — pardon, à l'auberge, — on nous avait donné une grande chambre communiquant avec une plus petite sans autre issue que la nôtre. Nous avions pris la grande et nous commencions à déboucler nos sacs, quand la porte s'ouvrit ; deux officiers de mobiles entrèrent en s'excusant de passer chez nous pour aller occuper la petite chambre du fond.

Admirons en passant la distribution confortable de cet appartement !

L'un de ces officiers était un capitaine d'une quarantaine d'années, l'autre un jeune lieutenant. Ils s'enfermèrent et se mirent à causer à voix basse. La cloison qui nous séparait était faite d'une simple toile recouverte d'un de ces papiers à fleurs qui donnent le cauchemar lorsqu'on les a regardés trop longtemps ; aussi nos voisins jouaient-ils à leur insu ce que Beaumarchais appelle *la Précaution inutile*.

Il était clair comme le jour qu'on n'avait que juste assez d'argent pour payer la chambre, qu'on n'avait pas mangé depuis la veille et que, finalement, les estomacs commençaient à se fâcher. Ma foi, à la guerre — et un peu à la campagne, car Niort ne m'a pas laissé le souvenir d'un centre fiévreux — on pouvait se permettre certaines licences. Je frappai doucement à la porte; le lieutenant vint m'ouvrir et je lui exposai... avec toutes sortes de nuances... qu'ayant... par la force des choses... entendu... bien involontairement... ce qu'il disait au capitaine, je prenais la liberté grande de le prier de... me faire l'honneur... d'accepter les provisions que j'avais dans mon sac. Ouf!

Le capitaine remercia assez sèchement ; mais le lieutenant, après avoir pirouetté sur lui-même deux ou trois fois pour se donner un air dégagé, finit par accepter une proposition où, dans les circonstances, il n'y avait pas à laisser une miette de dignité. La porte se referma, et le bruit des deux mâchoires berça doucement le sommeil du brigadier et le mien; ce qui nous donna à penser que la fermeté de caractère du capitaine s'était évanouie à la vue des présents d'Artaxerce !

Le lendemain, il nous fallut remonter jusqu'à Poitiers pour retrouver la ligne de Bordeaux ; et, après d'interminables arrêts, toujours motivés par l'encombrement, nous arrivions fort tard à Angoulême pour y passer la nuit.

Le jour suivant, le rapide du matin nous emportait vers Bordeaux dans sa dernière voiture vide, et sautant comme une ferraille attachée à la queue d'un chien effaré ; le soir nous couchions à Agen, et le lendemain à Toulouse, terme du voyage pour le brigadier.

Il trouva là dans sa famille l'accueil que j'avais rencontré au Mans. De plus, comme il avait été blessé, la bonne maman redoublait de soins et d'attentions, non seulement pour son fils, mais pour moi, qui avais cependant l'infériorité d'être absolument intact!

Une mère qui sait son enfant bien loin et blessé!... Ceux qui voudraient avoir des explications complémentaires peuvent les demander au plus intime de leur cœur.

Toulouse, avec ses constructions de brique et sa lumière, est la première ville qui m'ait donné l'impression du Midi et l'accueil reçu chez les bons parents du brigadier me mit sur le nez des lunettes bleu tendre.

Le soir de ce jour, accoudé sur le pont de la Garonne, je me pris à songer que mes amis m'attendaient à Nîmes et qu'il fallait se hâter pour les y retrouver. Malgré l'affectueuse insistance que mes hôtes mettaient à me retenir, il fallut arrêter le départ pour le lendemain matin.

De bonne heure je voulus faire une dernière promenade; et, quand je revins à la maison, tout était préparé avec soin pour mon départ; tout, jusqu'à mon sac qui était bouclé. Enfin, non sans démonstrations de toutes sortes, je pris congé de ces gens excellents, et le train fila sur Narbonne. En y arrivant, je voulus prendre un livre dans ce fameux sac; la première chose que j'y trouvai fut une aile d'oie, puis des oranges, des biscuits, du pain frais et tout ce qu'il faut pour faire un excellent déjeuner, dont on ne m'avait pas soufflé mot ! Que répondre à ces choses-là ? Touché, mais plein d'appétit, je découpai la bête, et je levai trois fois mon verre du côté de Toulouse en répétant le nom de mes hôtes éloignés.

.˙.

Narbonne était un nom magique à mes yeux. Pourquoi ? Est-ce qu'il faut jamais rechercher les causes de ces attractions-là ? Avoir un désir et le satisfaire ! Toute la rhétorique des philosophes ne saurait prévaloir sur l'intensité de cette joie !

La *Légende des Siècles* dit, — ou plutôt Victor Hugo, ce qui est bien plus exact, — que l'empereur Charlemagne, revenant d'Espagne, était fort ennuyé. On lui avait tué Roland et les douze pairs. Toute la chevalerie restée debout était lasse de guerre et n'ambitionnait plus que le repos. Pour se distraire, l'empereur dit en bâillant : « Si nous prenions Narbonne ? » Et les preux de répondre : « Nous préférons aller nous coucher ! » Survint Aymerillot, un page sans sou ni maille, qui s'offrit à prendre Narbonne pour amuser l'empereur. Celui-ci lui dit :

Va, fils !
Le lendemain Aymery prit la ville.

Ce conte bleu, doré sur tranches dans la langue qu'on sait, m'avait jadis enchanté, et, comme j'étais obligé de tenir compte de la différence des temps, je voulais bien renoncer à prendre la ville, mais je voulais la voir.

Eh bien, le maître, en glorifiant Aymerillot, a traduit en vers magnifiques une impression profonde éprouvée certainement à la vue de ces vieux murs crénelés, cuits par le soleil, rongés par la tempête, où des boulets de marbre, fichés à trente pieds de hauteur dans des murailles épaisses de dix, racontaient au passant, comme du haut d'une chaire, les luttes effroyables du passé !

Aujourd'hui tout cela est abattu : Aymerillot entrerait dans la ville en donnant seulement quelques sous à l'octroi selon le contenu de son sac ; mais je ne regrette pas mon arrêt de jadis. Narbonne était alors ce qu'est encore aujourd'hui cette merveilleuse ville haute de Carcassonne : un dernier témoignage de ces luttes avec le Sarrazin dont l'histoire est pleine... et qui ont fourni de si pittoresques livrets d'opéras !

※

Je n'étais pas encore à Nimes, et la date du rendez-vous était déjà loin ; c'est que j'ai toujours été pénétré que, s'il faut l'exactitude aux affaires, il faut la fantaisie au rêve, et que, si l'on regarde sa montre en voyage, mieux vaut rester chez soi.

Après avoir pillé Narbonne, et y avoir couché même, un train du matin me mettait à Cette vers midi. C'est entre Agde et Cette, où le chemin de fer a juste assez de terre pour passer entre l'étang de Thau à gauche et la mer à droite, que je vis la Méditerranée pour la première fois. Le ciel était radieux, et le spectacle éblouissant. La Méditerranée m'était connue depuis longtemps en rêve, et sans l'avoir jamais vue, je la reconnus, car je l'aimais déjà. Cela tient à des causes spéciales. Le hasard, bien plutôt qu'une direction supérieure, a fait que le premier livre que j'ai lu est l'*Énéide*. A l'âge où l'on ne connaît guère que l'ogre et les bottes de sept lieues, j'avais fait en outre la connaissance des chefs troyens et de toutes les divinités de l'Olympe! Il y en avait bien parmi ces dernières dont je ne comprenais pas exactement le rôle. Ainsi la filiation d'Énée me paraissait assez trouble : Anchise était son père, Vénus était sa mère : mais Vénus était la femme de Vulcain : cependant l'Amour était fils de Mars et de Vénus encore! Tout cela n'était pas clair!

Plus tard mes idées sont devenues plus larges, et j'ai compris que le secret de l'affaire est dans le fait reconnu que les hommes ont fait les dieux à leur image.

Les Grecs me paraissaient être d'abominables rastaquouères, bien que le mot ne fût pas encore inventé ; mais Énée, Didon et le petit Ascagne m'apparaissaient comme des gens très bien ; leurs malheurs me touchaient ; je sanglotais quand le vent s'élevait dans la mer Égée, et le navire qui portait Énée m'inspirait des inquiétudes poignantes.

Télémaque après l'*Énéide* acheva de faire de la Méditerranée ma chose ; de sorte qu'en la voyant pour la première fois entre Agde et Cette j'eus l'intime sensation de souvenirs anciens, de choses vues jadis, bien loin... dans une existence autrefois vécue au temps des chefs troyens !

D'ailleurs, dites s'il est au monde une mer comme celle-là ! Nos ancêtres, nos traditions, notre langue, nos croyances religieuses, tout a grandi sur ses bords. Les poètes les plus anciens et les plus admirés l'ont chantée. Son histoire est remplie de drames sanglants et de légendes dorées. Bleue, sereine, pleine de lumière, elle est riante comme la jeunesse ou la beauté, et les plus petits clercs en imaginations peuvent encore y voir passer sur l'horizon la légère voile latine ou la lourde trirème.

L'Océan, plus vaste, plus terrible, n'a qu'une histoire de quatre siècles ; on se confie à lui pour aller tenter des *affaires* en Amérique : c'est la mer moderne. On s'abandonne à la Méditerranée pour revivre avec toutes ces fables que le génie d'Homère, de Virgile et d'Horace a faites si grandes !

Qu'est-ce qu'un drame d'amour ou d'histoire,

qu'est-ce qu'une mer, qu'est-ce qu'un monde, sans un poète pour leur faire la charité de les loger dans la lanterne magique que regardera la postérité !

.·.

J'avais respiré à Cette toute la poussière qu'on y peut respirer et, bien sûr qu'il n'en restait plus pour les autres voyageurs, je pris le train de Nimes. Ce fut dans ce trajet que j'aperçus les premiers oliviers. Encore un arbre que je n'avais jamais vu et qui me fit *toc toc* à la mémoire pour me rappeler tout le monde sylvestre si amusant à regarder de près, quand on n'est pas trop susceptible. Ces gens assurément n'entendaient rien à ce qu'on appelle aujourd'hui le sens moral : mais il faisait si chaud dans ce temps-là, et puis les gardes champêtres n'étaient pas encore inventés ! Ce sont là des excuses.

J'arrivai à Nimes vers six heures du soir. Parbleu, toute la nichée s'était envolée, lasse d'attendre les retardataires ! Une lettre, vieille de deux jours, avait été laissée à l'hôtel et leur tenait à peu près ce langage : « Mécréants ! Deux jours d'attente ! C'est trois de trop. Messeigneurs ! Rendez-vous à Marseille après-demain. » Suivait l'adresse.

Après-demain ? Mais c'était le jour même, et je vis d'un coup d'œil que, si je continuais à regarder les boulets de marbre, les horizons bleus et les verts oliviers, j'allais certainement trouver la même lettre dans tous les hôtels de la route ! Je pris un parti héroïque : je n'allais voir que la *Maison carrée* et les *Arènes :* la première était éclairée par un bec de gaz et les secondes par la lune. Encore mal préparé, je ne compris pas une pierre de ces monuments, et je pris le soir même le train de Marseille, où j'arrivais à cinq heures du matin.

Ils n'étaient pas partis ! Ils dormaient encore, et je m'empressai d'aller faire comme eux. Vers huit heures, un vacarme affreux m'éveilla en sursaut. Le bon Lafrance chantait *le Barbier de Séville*, selon sa coutume, et les autres accompagnaient avec leurs cannes. Tous se réjouissaient du voyage : quelques-uns avaient écrit qu'ils nous retrouveraient à Gênes.

Blanchard, en Parisien raffiné, en vrai « petit marquis » comme l'appelaient les siens, ne se levait pas à ces heures matinales, bonnes pour les paysans ! Toujours élégant et soigné, il vint nous retrouver vers dix heures pour aller déjeuner sur la Corniche, cette merveille !

Le soir de ce jour, j'entrai dans un petit théâtre qui affichait une pantomime, spectacle irrésistible pour moi. A Marseille, les francs-fileurs parisiens étaient dépassés ! Ce que je vis n'était même plus du Midi et demi : c'était du Midi trois quarts !

Cette pantomime était d'actualité.

Guillaume, Napoléon III, Bismarck, Garibaldi et Pierrot en étaient les personnages principaux. Les acteurs s'étaient appliqués à des ressemblances pour la plupart très réussies. Pierrot conduisait l'intrigue (!). Il n'y avait pas de farces qu'il ne fît au pauvre Guillaume ou à l'infortuné Bismarck. Tous deux étaient agités de terreurs soudaines et s'enfuyaient au moindre bruit, laissant invariablement une de leurs bottes sur le carreau. Quant aux batailles qui terminaient chaque acte, il va sans dire que *la casquette du père Bugeaud* éclatait triomphante devant une salle en délire. La pièce était terminée par une apothéose que je reproduis fidèlement :

Une gloire de nuages s'ouvrait dans la lumière d'un feu de Bengale ; puis on voyait entrer du côté gauche, Napoléon III, pendant que Guillaume entrait du côté droit. Le premier paraissait humble ; mais le second arrogant. Alors montait des dessous une femme qui simulait la France en pleurs, Napoléon remettait son épée à Guillaume pendant qu'un génie descendait des frises et posait le bonnet phrygien sur la tête de la France.

Ce que voyant, Garibaldi souriait d'un air paterne, Bismarck et Guillaume s'enfuyaient épouvantés, toujours en oubliant une de leurs bottes, et Pierrot se tordait de rire.

Le succès était immense auprès du public ; mais le Parisien fraîchement débarqué demeurait confondu ; et, comparant la réalité sinistre avec cette farce grossière, se demandait s'il n'était pas chez un peuple étranger, indifférent à des faits qui ne pouvaient ni l'intéresser ni l'atteindre !

.·.

De Marseille, notre petite troupe s'en alla à Toulon, où le bagne existait encore. Après l'avoir visité, nous nous sentîmes fortifiés dans notre tendance naturelle à ne voler que peu et à n'assassiner que rarement nos semblables.

Il y avait là de parfaits notaires et des gens d'un extérieur très correct, à cela près du costume. L'un d'eux, qui tenait la caisse de ses camarades (ô imprudence !) avait même une assez grande tournure. Il est clair qu'il existe une aristocratie dans ce milieu, où le forçat gentleman coudoie le forçat roturier !

La note gaie nous accompagnait dans cette sombre visite en la personne d'un sous-officier convaincu, dont les cuirs étaient irrésistibles. Il nous servit beaucoup de coq-à-l'âne qui ont fait la joie des ateliers plus tard, à notre retour. On lui doit la paternité du condamné mort d'une « perte au profit du cœur », et de cet autre succombant à une « légion d'internes ! »

Est-il besoin d'ajouter qu'il faut lire : « hypertrophie » et « lésion interne » !

Blanchard, retenu à Toulon, nous donna rendez-vous pour le surlendemain à Nice ; cela nous laissait le temps de nous arrêter à Antibes, où j'avais une lettre à remettre à d'Ennery, le célèbre dramaturge.

Cette lettre était un prétexte d'arrêt, car je ne connaissais pas personnellement d'Ennery, et la poste eût pu se charger de la commission : mais le poète Édouard Plouvier m'avait si souvent parlé du fameux cap d'Antibes que, passant devant, l'arrêt était tout indiqué.

Après avoir traversé la ville, très italienne d'aspect, nous nous étions engagés sur cette langue de terre qui forme le cap d'Antibes, lorsque au milieu de la route nous vîmes descendre vers la ville une élégante voiture de maître dans laquelle je reconnus d'Ennery. A la manière des malandrins ou des mendiants, je le saluai en le priant de faire arrêter sa voiture, et, à son grand étonnement, il se vit remettre une lettre par l'un de ces passants inconnus.

La voiture continua de son côté et nous du nôtre. Nous n'avions pas fait cent pas que l'équipage, revenant sur son chemin, nous rattrapa. D'Ennery en descendit, et, tout heureux après tant d'événements de causer avec des Parisiens venant de Paris, il ne se montra satisfait qu'après avoir vaincu notre discrétion et nous avoir fait accepter son hospitalité en des termes chaleureux.

Le dîner fut animé, la soirée charmante et la nuit sereine à la villa des Chênes-Verts, sous le toit de notre aimable amphitryon.

Le lendemain, après un adieu bruyant et cordial, et puis un dernier regard sur l'admirable golfe

Juan, nous partions pour Nice, où nous retrouvions Blanchard.

Ici, notre enthousiasme de voyageurs novices subit une forte déception. Affamés d'imprévu, de pittoresque, de mer bleue, de ciel *couleur fond d'armoire*, comme disait Lafrance, cette ville de plaisirs consacrés et faits sur mesure nous parut insupportable. Nous en serions certainement repartis de suite sans l'insistance que mit Blanchard à nous présenter l'un de ses amis, riche propriétaire des environs immédiats de Nice.

Blanchard eut raison ; car, outre le plaisir d'une excursion dans ce pays enchanteur, nous trouvions dans la maison de son ami une ravissante jeune fille qui nous laissa à tous une profonde impression.

La pauvre enfant était infirme; elle ne pouvait bouger d'une chaise roulante, et, de plus, elle se mourait de la poitrine. Un regard charmant éclairait une angélique figure encadrée de cheveux châtain clair frisottants. Le regard était comme la lumière de grands yeux clairs et transparents. Et puis, une étrange expression courait sur ce visage. La curiosité de la vie s'y mêlait au sentiment intime que la mort était proche. C'est un de mes souvenirs les plus intenses parmi celui des femmes rencontrées, par hasard, en voyage, un jour, une heure, un instant !... Tout le monde connaît cela, et chacun, au dedans de soi, cache quelque *instantané* semblable qu'il regarde en fermant les yeux.

Ces visions rapides, et cependant ineffaçables, sont un peu semblables à ces boutons qui jamais ne deviennent fleurs. Pourquoi ceux-ci meurent-ils sur leur tige? Pourquoi celles-là restent-elles muettes et sans lendemain? Parce que, si toutes les roses projetées devenaient des roses, et si toutes les tendresses naissantes devenaient grandes, le paradis serait sur la terre; et le bon Dieu, alors, ne serait plus chez lui!

Dans cette maison charmante, bâtie à mi-côte, avec la mer en face, la vie était douce et facile. Cependant l'angoisse était dans tous les cœurs. Il y avait des mots qu'on ne devait pas prononcer; et, malgré soi, l'on baissait la voix. Au dessert, le maître de la maison dit tout à coup en riant : « Blanchard, je vous garde huit jours avec nous, et, pour ne pas vous ennuyer, vous ferez le portrait de***. »

C'était clair.

Nous prenions congé dans la soirée, et nous ne devions retrouver Blanchard qu'à Rome. Quant à son modèle, quelques mois après nous apprenions que tout était fini!

∴

Revenus à Nice, nous trouvions une lettre des retardataires, qui nous donnaient rendez-vous à Gênes!

Blanchard restant à Nice, nous n'étions plus que

trois, dont le joyeux Lafrance. On s'entendit avec un voiturier plus Italien que Polichinelle avec les Italiens, et plus Français que Cadet-Roussel avec les Français, type très connu dans les pays de frontières. Celui-là s'appelait Sardini et se déclarait l'unique cocher connaissant à fond sa Corniche !

Le lendemain matin, de bonne heure, nous quittions Nice dans un landau attelé de deux solides chevaux sous la conduite de l'incomparable Sardini.

Ceux qui ont fait le voyage de la Corniche ont une infériorité sur les autres : c'est de ne plus avoir en réserve une joie certaine. Or, pour ne pas ennuyer les premiers et ne pas escompter le plaisir des seconds, après M. Joanne, j'arrive immédiatement à Menton, en même temps que Sardini, qui nous précédait de l'épaisseur de son siège.

Après deux ou trois heures d'arrêt, on se remit en route, bêtes et gens, lestés d'un solide déjeuner.

La frontière se passe, comme on sait, au pont Saint-Louis. Notre cœur battit très fort en le traversant : nous quittions la France, et tout allait devenir nouveau pour nous ! De l'autre côté du pont se tenait le premier douanier italien : le modeste coupe-choux qui pendait à sa ceinture nous parut avoir gardé un air de famille avec les glaives romains applaudis dans les tragédies du Théâtre-Français !

A la fin du jour, nous arrivions à San-Remo, où nous dormions notre première nuit sur la terre italienne.

Le jour suivant fut employé à aller, toujours en voiture, jusqu'à Savone. La veille, nous avions eu douze heures de route, et ce jour-là quatorze, soit vingt-six heures de patache, assis à côté ou en face les uns des autres, c'est dire que les conversations allaient bon train ! Le pays qu'on traversait en faisait le fond, alternant, bien entendu avec ces discussions sur l'art, qui n'ont jamais rien prouvé, mais qui ont l'avantage d'amuser celui qui parle et d'endormir ceux qui écoutent. Lafrance était la gaieté de la route : il faisait des mélanges abracadabrants avec la nature et Michel-Ange; il mariait mystiquement Raphaël et la mer ! Son enthousiasme était fou, sa joie immense, et jamais le pauvre garçon n'a été si heureux de vivre ! Il n'oubliait pas non plus les charges d'atelier, toujours chères aux jeunes élèves de l'École des beaux-arts.

J'avais une canne absurde, faite d'un bois artificiel. C'était une suite non interrompue de bourgeons que Lafrance avait condamnés à devenir pour lui de véritables points admiratifs ! A chaque détour de la route, à chaque : « Oh ! » à chaque : « Ah ! » d'un coup sec de son bec de corbin il faisait sauter un de ces bourgeons accrochés à cette canne comme des moules à un rocher. « Encore un pépin ! C'est trop beau ! » A la fin du voyage, Lafrance avait admiré tant de choses que le bâton noueux était devenu lisse comme un mât de navire !

A force d'entendre analyser le génie ou le talent

de tous les maîtres de la peinture, de la sculpture, de l'architecture et autres divinités en *ure*, j'avais fini par regarder les œuvres avec des yeux nouveaux. Certes, je savais par cœur mon Louvre, et mes visites au Salon annuel avaient été fidèles; mais on ne voit dans une œuvre d'art que ce que l'on sait de cet art, et, sauf de rares exceptions, ce n'était pas la peinture qui jusqu'à ce jour avait allumé mes plus chauds enthousiasmes.

Un matin, à Savone, c'est devant un Albert Dürer que la lumière se fit, et le petit rideau vert tiré pour quelques sous devant ce chef-d'œuvre me découvrit gratuitement tout un horizon inconnu.

L'Albert Dürer de Savone est une *Adoration des Mages* comme il s'en trouve de quinze à vingt dans tous les musées qui se respectent. L'homme qui a vraisemblablement commandé le tableau a aussi, suivant la coutume de l'époque, fait faire son portrait à genoux au premier plan. Il y a une telle expression de piété dans ce visage, que le modèle devait être ou un grand saint ou quelque affreux gredin, pêcheur repentant, retiré de la gredinerie après fortune faite !

Quoi qu'il en soit, c'est devant ce tableau que je compris ce que m'avaient si souvent dit Auber et Victor Massé : que la musique n'est pas que dans la musique, et qu'il s'en trouve, sinon jusque dans le fauteuil d'un président d'assises, comme on l'a dit à propos de l'arsenic au cours d'un célèbre procès, mais jusque dans les choses où l'on semblerait devoir la moins rencontrer !

Un beau tableau qui inspire un bon vers à un poète, ou quelques notes à un musicien, a fait son œuvre. En revanche, ce beau vers ou ces quelques notes peuvent fournir l'idée d'un tableau à un peintre, et c'est là qu'est le fil mystérieux qui relie entre elles toutes les manifestations de l'art.

.·.

Un bout de chemin de fer nous mena ensuite à Gênes. C'était la première grande ville italienne que nous visitions, et nous n'avions pas assez d'yeux pour admirer ses palais de marbre, ni assez de jambes pour courir aux églises et aux musées. C'était du délire. Nous lisions l'histoire de la ville dans les moments de repos. Lafrance y trouvait à chaque page des sujets d'opéras et moi des sujets de tableaux ! C'était touchant !

L'histoire de chacune des grandes villes de l'Italie est pleine de légendes et d'aventures qui semblent avoir été inventées ou vécues pour fournir des sujets de drames. Vers 1830, le romantisme a commencé l'exploitation de la mine, et le filon n'est pas épuisé. *Angelo* ou *le Tyran de Padoue*, *Madame Lucrezia Borgia* et tant d'autres n'ont pas tout dit, et, si la mode renonce quelque jour à tout tourner à l'allemande, on pourra chercher encore du côté où fleurit l'oranger.

Ainsi, qu'y a-t-il de plus curieux à Gênes que ce Fregose tour à tour archevêque, doge, pirate, doge encore pour abdiquer de nouveau? Ou ce Piola, peintre assassiné mystérieusement à vingt-trois ans, qui donnait une tête de femme, toujours la même, à ses Christ?

Mettez là-dedans une Isabelle de soie avec un Alfonso de velours, le quatuor est trouvé, et il ne faut plus que du génie pour lui ouvrir tous les théâtres de la terre, d'abord, et ceux de Paris ensuite!

C'est au théâtre *Carlo-Felice* de Gênes que j'entendis la première représentation italienne. On jouait *Les Crochets du Père Martin*, le drame bien connu, métamorphosé en un assez triste livret d'opéra! Cependant un *maestro* de moyenne grandeur est parvenu à écrire sur ce sujet une partition longtemps applaudie en Italie.

Ce qui me frappa tout d'abord dans la sonorité d'un orchestre italien, ce fut l'abominable dureté des instruments à vent. J'ai retrouvé cette impression partout à l'étranger. Est-ce une habitude? est-ce la vérité? Je persiste à croire que la sonorité moelleuse de nos grands orchestres français est meilleure et se rattache à un art plus élevé.

Ces remarques, ces études amenaient de longues discussions, qui faisaient énormément bâiller notre troisième compagnon ; aussi, un beau matin, sans le plus petit tambour ni la moindre trompette, partait-il par le bateau de Civita-Vecchia en nous assurant de sa considération distinguée ! Un autre bateau venant de Marseille amenait le dernier retardataire. Celui-là était bien d'accord avec nous pour mener à petites journées le reste du voyage.

On partit un matin, toujours en côtoyant la mer, par le chemin de fer qui s'arrêtait alors à Sestri-Levante ; là des voitures continuaient jusqu'à la Spezzia par une route idéalement belle.

Le dernier arrivant nous avait apporté des nouvelles toutes fraîches de la France. On sait ce qu'elles pouvaient être en mars 1871 ! La nuit était venue, et avec elle un clair de lune magnifique. Le petit cheval trottinait sur les pentes qui descendent à la Spezzia au milieu des oliviers. L'heure, le lieu invitaient au recueillement ; nous étions assez silencieux, lorsque notre nouveau compagnon, après mille détails, nous apprit encore la mort de deux de nos camarades. L'un était Chauvet, le remarquable organiste de la Trinité, à Paris. Celui-là eût été une gloire musicale s'il eût vécu ! L'autre était un pauvre petit d'Alsace, nommé Wintzweiler, qui avait eu son prix de Rome en 1868, et que la phtisie tua tout à fait à Arcachon en décembre 1870. Celui-là aussi a laissé quelques pages que bien des maîtres seraient heureux d'avoir signées.

Ce sont les premiers compagnons de jeunesse que j'ai vus tomber, et je n'ai jamais pu séparer la Spezzia de ce souvenir pénible où, peu à peu, les oliviers de la route se sont allongés en des formes de cyprès ! Après ces deux-là, combien d'autres depuis !...

Le lendemain, nous allions à Pise. L'horizon s'élargissait de plus en plus; nous sentions poindre en nos esprits des compréhensions ignorées. Il faudrait entreprendre un pareil voyage quand on n'en retirerait que ce bienfait : s'armer plus fortement contre la vie en voyant les choses et les hommes de plus haut. Les habiles, les aigrefins, les *clowns* d'affaires appellent cela naïveté; mais, si l'on y regarde plus longtemps, on voit que le dernier mot reste encore à ceux qui ont simplement lié leur gerbe, faite des épis hauts et pleins que donne la foi dans l'œuvre naïvement accomplie.

.·.

Au moyen âge, le crucifix du prêtre et l'épée du noble étaient comme deux armes sœurs toujours prêtes à frapper sur le faible et surtout sur le penseur. On ne disait rien, on n'imprimait pas encore; mais la pierre était fouillée aux porches des églises; sur le mur des cloîtres, au plafond des palais, de vastes compositions surgissaient peu à peu, et de tous ces efforts des plus grands esprits naquit l'éblouissante Renaissance, cette aurore de l'esprit nouveau où la foi devient moins austère, où l'épée cesse d'être un argument unique, où la raison et la pensée, enfin, reprennent une place trop longtemps usurpée.

Les doux initiateurs de ces bienfaits s'appelaient Fra Angelico, Giotto, Orcagna, et, si leur œuvre est une étape lumineuse dans l'histoire de l'art, par cela même elle en est une aussi dans celle de l'humanité.

Le *Campo Santo* de Pise est un lieu étrange où la souffrance, la mort et la damnation étalent leurs épouvantes dans des fresques stupéfiantes ! Orcagna, notamment, a laissé sur ces murs un coup de griffe terrible qu'il a appelé : *le Triomphe de la mort*. On connaît cette célèbre composition, dans laquelle un cavalier se bouche le nez devant le cercueil d'un roi, pendant que des âmes de moines et de religieuses sont emportées par une pseudo-théorie de démons !

On pouvait peindre cela au temps d'Orcagna ! Si on l'eût écrit, le bûcher eût été vite allumé pour l'imprudent !

Mais une fresque, une œuvre d'art, qu'était-ce alors ? La nuit était trop épaisse encore pour laisser deviner l'orage qui se cachait derrière ce qu'on ne croyait être qu'une fantaisie macabre ! Aujourd'hui, avec la connaissance des faits accomplis depuis cinq siècles, le sens longtemps obscur de ces peintures apparaît sur les murs du *Campo-Santo* avec le flamboiement prophétique du *Mane, Thécel, Pharès* !

On ne saurait croire combien cet art-là rapetisse encore *celui* d'Offenbach, qui nous avait bercés !

De Pise on alla à Lucques, où je vis pour la première fois un tableau de fra Bartolomeo.

Il est des artistes dont l'œuvre produit en nous comme un coup de foudre; de suite, et jusqu'au fond, on pénètre dans leur intime pensée, et l'on en embrasse l'ensemble avec un véritable ravissement. On a déjà vu ou entendu cela au dedans de soi, dans des sensations confuses, et le brusque contact avec la forme tangible fait surgir cette exclamation : « C'est cela ! c'est bien cela ! »

De ce point de départ, de cette soudaine sympathie qui se dégage de l'œuvre, il n'y a qu'un pas pour désirer connaître l'homme; il n'en reste qu'un autre pour s'y attacher tout à fait.

Berlioz écrivait qu'il eût fort aimé Virgile et Shakespeare s'il les eût connus. J'en puis dire autant de fra Bartolomeo. Il est donc très regrettable pour Berlioz et pour moi qu'un malentendu chronologique nous ait fait naître les uns et les autres à des intervalles aussi grands!

De fait, le caractère de Bartolomeo est attachant comme son œuvre. Ardent, mystique, sans bégueulerie, travailleur acharné, fidèle en ses amitiés, l'histoire lui donne une noble et mâle figure. On l'aimerait profondément pour cette larme si pure tombée de ses yeux au pied du bûcher de Savonarole, son ami, dont il prenait la robe de moine au lendemain du supplice! Il y a en lui quelque chose de puissant, de vécu et de pensé qui ne se rencontre pas toujours dans des œuvres que les spécialistes classent plus hautement.

Enfin, il en est de ces attachements d'au-delà comme des amours terrestres. Sans raison, et sans qu'il soit besoin d'en chercher une, c'est « celui-là » ou bien « celle-là » !

A côté des richesses de l'église Saint-Martin, le bibelot italien est représenté à Lucques par un saint Michel dominant le fronton de son église avec des ailes de bronze qui se meuvent quand il fait grand vent !

De Lucques, on alla à Pistoja, et, le soir du même jour, nous dînions à Florence !

...

Florence est la grande étape de ce voyage classique parmi la gent de Rome ! Une semaine y fut consacrée à explorer la ville et les environs.

Un accent, une figure, un événement planent toujours sur une ville, et le voyageur en est instruit par les armoiries de pierre fièrement sculptées aux frontons des portes. Cependant, à côté du blason consacré, l'histoire ou la légende en suspendent un autre qui change, celui-là, selon l'optique du voyageur.

A Rome, César est encore debout derrière le pape. A Naples, la vie antique se retrouve jusque sous les coutumes modernes. Milan est comme une sentinelle qui surveille sans cesse la descente des Alpes. A Venise, à Gênes, villes de commerce d'abord et d'art ensuite, Mercure sourit aux deux serpents du caducée, qui se tordent en forme de lyre. A Florence, on se sent bien plus dans un musée que dans une ville. C'est la Renaissance restée intacte. Les pierres sont encore debout de ces palais, de ces couvents, de ces églises où vécurent et prièrent ceux qui ont vu l'aurore d'une civilisation dont nous voyons le midi ou le soir, comme on voudra. Trois siècles (un jour dans l'histoire) nous séparent à peine. Les arrière-grands-pères de nos arrière-grand'mères ont vu passer les Médicis magnifiques et la bure austère de Savonarole.

Ville de luttes terribles, d'amours tragiques et de magnificences inouïes, les événements qui se sont passés à Florence ont une allure de crânerie et de suprême élégance qui lui donnent une caractéristique spéciale.

Le poignard qui entrait au cœur de l'ennemi était finement ciselé et sortait d'une gaine magnifiquement vêtue de soie ou de velours. Sur les places, les plus illustres artistes signaient des *bibelots* de marbre ou de bronze posés là, au hasard, comme en un riche salon. Sur ces mêmes places, en présence de ces riantes images, on brûlait aussi l'hérétique, le doctrinaire gênant ou le gibelin détesté. Dans ces palais aux lourdes assises imitées des murs pélasgiques, on donnait des fêtes brillantes, et l'on soutenait des sièges sanglants. La torche de fer fichée au mur extérieur restait falot pour les unes et devenait potence pour les autres.

Au reste, ce double caractère est représenté dans les armes de la ville faites d'une fleur; mais cette fleur est un lys rouge comme le sang !

Florence est peut-être la ville qui résume le mieux l'histoire de l'art à l'époque de la Renaissance. Après une étude fouillée de ses richesses, les autres cités italiennes n'ajoutent que peu à l'impression générale. C'est aussi pour les artistes un lieu de méditations fécondes. Des hauteurs de Fiesole ou de San-Miniato, l'esprit plane un moment et ne tarde pas à s'envoler aux étoiles !

..

C'est dans cette curieuse salle des *Uffizi*, où sont recueillis les portraits des grands peintres anciens et modernes peints par eux-mêmes, que je vis pour la première fois la belle et douce figure d'Hébert, mon directeur à Rome.

Je ne savais alors rien de lui, et je n'en connaissais que le tableau célèbre *La Mal'aria*, dont la poésie mélancolique m'avait vivement frappé. La distinction de cette physionomie, la bonté et la rêverie de ce regard, m'inspirèrent une sympathie, qui, depuis, s'est changée en un profond attachement. Le portrait des *Uffizi* n'est plus ressemblant; mais l'homme n'a pas changé, et l'artiste a sans cesse grandi.

Dans une excursion aux environs de Florence, la crypte d'un couvent nous causa un très grand étonnement. Une lumière vague y éclaire des pierres tombales scellées dans le sol et sur lesquelles les personnages sont sculptés en haut relief dans des marbres blancs — quelques têtes semblent littéralement sortir de terre. — Une ou deux parmi celles-là sont d'une beauté achevée. A leur sujet, le guide prononça le nom de Donatello, sans rien affirmer cependant. La transparence du marbre donne à ces visages admirables l'apparence du sommeil. Outre l'obstacle matériel qu'ils opposent au pied du visiteur, celui-ci se sent pris d'un saisissement que redouble encore le silence rigoureux de cette chapelle souterraine, où l'on ne parle pas, même à voix basse. On dirait qu'on va réveiller quelqu'un. C'est tout à fait extraordinaire!

Eh bien! j'aime mieux le silence imposant de ces morts que le bavardage de certains autres qui, sur des épitaphes ronflantes, haranguent le passant, souvent en des vers pitoyables, pour lui rappeler que la vie aboutit à la mort, ce qui est non seulement un dénouement prévu, mais aussi une vérité digne de M. de La Palice!

Ce sont des impressions de cette nature qu'un musicien rencontre en son voyage d'Italie: mais si, après une journée d'excursion, il veut entendre de la musique, il doit se contenter du répertoire italien! Après s'être prosterné devant les cinq ou six chefs-

d'œuvre du genre, il lui sera permis de trouver que
cela est insuffisant. En ce cas, il reste les petits théâtres où *Stenterello* apporte au moins une note
imprévue. Oh ! les bonnes pièces ! Et quels titres !
En voici que je traduis mot à mot :

*La femme folle ; le mari plus fou qu'elle, l'oncle
plus fou qu'eux et le médecin plus fou que tous, avec
Stenterello.*

Et cet autre :

*Le Grand Claude Thibault, surnommé le Monta-
gnard, ou Napoléon Ier au passage du mont Cenis,
et la mort d'un brave général de la grande armée,
avec Stenterello, homme fidèle, sonneur de cloches,
protecteur de l'innocence.*

Il faut des affiches de deux mètres pour recevoir
ces titres, qui dépassent le célèbre *boniment* d'un
impresario de province affichant en France :

*Roméo et Juliette, ou l'Inconvénient des haines
de familles infiniment trop prolongées.*

Ce Stenterello est, comme on sait, proche parent
de notre Jocrisse queue-rouge, qui fait encore la
gaieté des parades foraines. Il débite toujours ses lazzis
dans le dialecte local, ce qui fait hurler de joie le
public des hauteurs du théâtre !

Quant aux églises, il ne faut pas espérer y entendre
de bonne musique. O Palestrina et vous tous, vieux
maîtres napolitains ou romains, je ne crois pas que
vos inspirations savantes ou naïves soient mieux
ignorées que dans votre patrie ! Je déclare n'avoir

jamais entendu un véritable organiste dans toute l'Italie pendant les années que j'y ai vécues. Un jour, cependant, à Bologne, dans l'église San Petronio, on sentait qu'on avait affaire à un novice ayant quelque instinct de l'instrument. Renseignements pris, c'était un vieillard aveugle ! Partout ailleurs, ce ne sont que fantaisies brillantes (!) fusées, gammes et fioritures parfaitement ridicules, sinon déplacées.

Après huit jours bien employés à comprendre Florence, ce qui est un excellent lest pour le travail à venir, un bon petit chemin de fer, encore chauffé par le bois, nous conduisit à Sienne. Ce chemin de fer naïf était d'allures plutôt lentes. Le train s'arrêtait tout à coup dans un désert pour renouveler sa provision de bois, toute préparée sur le bord de la voie. Il fallait attendre alors que le bois voulût bien s'allumer, et comme la pression était faible, on descendait dans les côtes un peu raides pour alléger la charge ! L'antique diligence elle-même n'offrait pas mieux aux voyageurs !

Cela n'empêche pas Sienne d'être une ville très curieuse et fortement imprégnée encore du guelfe et du gibelin ! Le tramway n'a pas, jusqu'à ce jour, perforé ces rues pittoresques, où Victorien Sardou plaça l'intrigue de son beau drame : *la Haine.*

Au détour d'une rue avoisinant la cathédrale aux si curieux graphites, je lus cette pensée de Dante grossièrement écrite à la pointe dans la pierre d'un palais : « La foi est la substance des choses espérées, l'argument des choses invisibles. »

La noblesse de la forme trouvera-t-elle grâce devant ceux qui ont le bonheur d'avoir des certitudes en ces matières ?

Le bon petit chemin de fer au bois nous mena le lendemain à Orvieto en quelques heures ; juste le temps d'y aller à pied !

Ici mes compagnons eurent des extases qu'ils finirent par me faire partager devant les fresques de Luca Signorelli, que je revois de ma table, comme si j'étais encore à Orvieto ! C'est que Luca Signorelli est un de ces artistes qui font rêver tous les autres. Les peintres et les sculpteurs y trouvent un enseignement que ne dédaigna pas jadis Michel-Ange lui-même. Les autres bonnes gens qui font profession de loger quelque idée derrière des notes plus ou moins bien arrangées, ne perdent pas leur temps en allant s'asseoir devant le *Jugement dernier* de Signorelli, précurseur du *Jugement dernier* de Michel-Ange.

A cette époque, le bon petit chemin de fer n'allait pas plus loin qu'Orvieto. Un matin, notre groupe sympathique, après s'être entendu avec un voiturier, prit la route de Montefiascone, petite ville célèbre par son vin de muscat, pardon, de *moscatello !*

Après une heure de route environ, nous entrions dans les États de l'Église. En mars 1871, il y avait à peu près six mois que la frontière n'existait plus, par suite des événements de 1870, qui réunissaient les

États du pape au royaume d'Italie. En passant, le voiturier nous montra la petite maisonnette précédemment occupée par les douaniers pontificaux, et il ajouta ces mots que j'ai toujours retenus : « Ici, Messieurs, il y a six mois, on passait plus facilement en fraude une pièce de vin qu'un livre ! » Sous son air bonhomme, cette remarque est assez... piquante ! Mais ne sortons pas de notre sujet !...

Le vin de Montefiascone est véritablement excellent. Combiné avec la chaleur, il gratifie le plus sobre d'un nez qui peut varier du rose tendre au rouge vif, selon les dispositions naturelles.

Pendant que notre voiturier atteignait le maximum de la coloration, nous allions voir le lac de Bolsena, qui est à deux pas de Montefiascone, et dont l'aspect nous parut féerique dans l'éblouissante lumière de midi ; après quoi l'on se remit en route pour Viterbe, où nous arrivions vers le soir.

Je n'ai rien retenu de Viterbe, et je n'ai jamais eu l'envie d'y revenir. Mes camarades n'eurent pas l'air d'y découvrir de grands trésors, car le soir même, en badaudant dans les rues, nous arrêtions le départ pour le lendemain midi.

Toujours en voiture, nous allions alors retrouver la grande ligne du chemin de fer de Florence à Rome à la station d'Orte.

La route de Viterbe à Orte est légendaire parmi les fastes du brigandage ! Disposée avec recherche pour le favoriser, le procédé d'attaque était invariable.

Des hommes surgissaient tout à coup des taillis ou des rochers qui bordent la route ; leur visage était recouvert d'un mouchoir percé aux yeux, ou simplement barbouillé de suie. On était couché la face contre terre, et, pendant que des mains exploraient les poches, une voix contrefaite vous donnait le choix entre le silence ou six pouces de fer au bon endroit. D'autres mains immobilisaient le patient pendant l'opération. On voit comme elle était simple. Un éminent architecte en passa par là jadis, au temps où il était pensionnaire de Rome : c'était Charles Garnier.

Nous, nous étions trois, ce qui rendait la scène un peu plus difficile à jouer. De plus, nos vêtements, invariablement les mêmes depuis cinq semaines, avaient subi de telles mésaventures dans leurs démêlés avec le vent, la pluie et la poussière, que, combinés avec nos barbes broussailleuses, ils devaient achever de nous faire passer pour des frères aux yeux des *travailleurs* de cette route ! Elle était, d'ailleurs, gardée militairement ; ce qui prouve qu'à l'époque, la sûreté en était fort incertaine ; en outre, de bons revolvers étaient à la portée de notre main dans la voiture.

En haut d'une côte, notre voiturier se retourna et, nous faisant voir un long ruban d'argent au fond de la vallée : « *Ecco'l Tevere*, » dit-il ! Ce mot résonna comme un coup de cymbales à nos oreilles ! Le Tibre ! Nous approchions !!

A Orte, nous retrouvions le chemin de fer, un vrai celui-là ; encore un peu patriarche par ses allures, mais néanmoins fort estimable ! En deux heures, nous pouvions être à Rome. Mais la tradition s'y opposait !

. .

Il a déjà été dit que, dans ce voyage, tout était tradition. Sauf la liberté laissée à chacun de bâiller aux bons endroits et de s'extasier aux autres, la marche générale était consacrée par l'usage.

Par-dessus la camaraderie très franche à Rome, il y a néanmoins de légères nuances entre les pensionnaires. Le peintre passe avant tout, le sculpteur ensuite ; l'architecte et le graveur tiennent la chandelle et le musicien la souffle.

Comme nous n'avions pas de peintre en notre compagnie, ce qui d'ailleurs ne nous avait pas empêchés de boire frais et avec bonne humeur, c'étaient les futurs cheveux blancs de Lafrance que nous suivions ! Il avait mis à la poste à Orvieto une lettre adressée aux camarades de la villa Médicis pour leur annoncer notre arrivée à Monterotondo, dernière station avant Rome.

C'est là que chaque année les *nouveaux* attendaient les *anciens*, venus à leur rencontre à cheval, en voiture ou même à pied ! Un joyeux banquet réunissait tout le monde autour de victuailles apportées de

Rome, et l'on en reprenait la route ensuite avec un dernier arrêt au pont Nomentana, où le directeur de l'Académie de France attendait son bruyant troupeau. Puis on entrait en ville, et l'arrivée à l'Académie se faisait au milieu des rires, des larmes et de toutes les manières connues de manifester !

La réponse à la lettre de Lafrance devait se trouver à Monterotondo, et nous y descendions vers la nuit.

Trois kilomètres nous séparaient du village. C'est au milieu d'une obscurité complète que nous frappions à la porte de la *Locanda del Vapore*, l'unique auberge de l'endroit. Là, pas de lettre ; à la poste, rien non plus. Lafrance fronça le sourcil, mais l'Olympe ne trembla pas.

L'arrivée nocturne de ces trois voyageurs pédestres, poussiéreux, barbus mais pas fiers, n'avait pas été sans être immédiatement signalée dans le pays comme un fait extraordinaire. Le temps de passer un baudrier, et les bons gendarmes tombaient au milieu de notre dîner, avec des visages sévères, en nous demandant *nos papiers* ! Les fameux passeports diplomatiques commençant par ces mots : *République française*, semblèrent dépister les bons gendarmes, habitués à lire : *Empire français*. De plus, les griffes et les visas écrits en allemand achevèrent de les rendre méfiants. Il fallut négocier dans une langue qui ne nous était pas encore familière, et la situation frisait l'opérette ! Enfin, l'autorité voulut bien nous laisser tranquilles pour cette fois, et avec promesse de n'y plus revenir! Il était visible que, pour ces braves gens, nos papiers insolites n'avaient d'autre valeur que celle d'un vulgaire prospectus. C'est donc à notre seule mauvaise mine que nous dûmes de n'être pas inquiétés!

Le lendemain matin, le premier courrier apportait une lettre dans laquelle on nous disait, qu'en raison des circonstances, on ne viendrait pas nous chercher à Monterotondo, que nous étions impatiemment attendus, que nous serions reçus à bras ouverts et que la réunion garderait l'intimité d'une fête de famille.

C'était de la plus élémentaire convenance.

Cette lettre nous contraria bien un peu sur le moment. On éparpilla la mauvaise humeur commune en tirant chacun de son côté pour se retrouver vers midi.

Le temps était charmant; le printemps chantait partout, et comme Monterotondo ne m'offrait rien de bien curieux, je suivis au hasard un chemin creux qui montait dans les haies pleines d'oiseaux. Au sommet d'une petite éminence, je découvris brusquement le panorama de toute la campagne romaine! Ce fut comme un éblouissement! Et puis là-bas, à l'horizon de l'immense désert, une grande coupole, des clochers, des tours dans la brume du matin; c'était Rome!

Ah! mon émotion fut grande! Pardieu! j'étais

certes préparé depuis cinq semaines ! Mais, c'est égal,
Rome vue comme cela, tout d'un coup, dans une
lumière d'apothéose, sans s'y attendre. Le coup fut
droit et je restai longtemps immobile à cette même
place !

En redescendant, je rencontrai Lafrance, qui,
planté devant l'église, décochait des adjectifs sévères
au Bernin, et je lui fis part de ma découverte. En
cinq minutes, nous avions remonté le petit chemin
creux, et, au nom de sa supériorité de sculpteur,
Lafrance, sans hésiter, donna immédiatement un
nom à chacun des monuments vus à l'horizon. Mon
humilité devant cette érudition me faisait un devoir
d'opiner du bonnet sans contestation.

Cette vision lumineuse chassa les nuages du matin.
On tint conseil, et il fut décidé que, puisque nous
ne pouvions faire l'étape traditionnelle dans les conditions ordinaires, on en suivrait du moins l'itinéraire. La *Locanda del Vapore* eut l'honneur de nous
servir notre dernier déjeuner de voyage, et vers
deux heures et demie, après une courte sieste, nous
quittions Monterotondo sur un petit *voiturin*, le seul
disponible dans le village.

C'était une sorte de vieux caisson d'artillerie rusti-
quement monté sur deux roues sans le *mol* intermédiaire d'aucun ressort. On y pouvait tenir deux ; nous
étions quatre avec le gamin qui nous conduisait,
plus les sacs, les manteaux et tous ces riens dont se
complique toujours un bagage après un voyage un

peu prolongé. Tout ceci fut entassé et ficelé, chacun s'assit comme il put dans le tas, et cette grappe de gens et de choses prit le chemin de Rome au trot d'un petit cheval fringant.

Rien ne fut plus drôle que ce voyage sur une route poudreuse (la voie Salaria, s'il vous plaît!) où chaque caillou rencontré sous la roue faisait tomber un voyageur ou quelque sac! Deux ou trois fois une grande ombre passa sur nos têtes. C'était un manteau traitreusement agrippé par la roue et qui, entraîné par elle, s'ouvrait tout à coup en éventail, balayant la poussière avec une maestria sans pareille!

Après deux heures et demie de cette course folle, sous un ciel ardent au début, étouffant vers le soir, nous atteignions le fameux pont Nomentana, sorte de fortin crénelé qui enjambe l'Anio et en défend le passage de son mieux!

Là on se recueillit.

C'était le dernier reposoir!

Il s'agissait d'avoir un peu de tournure pour entrer dans la ville, et de faire excuser l'étoffe douteuse du vêtement par la grande allure de Don César de Bazan!

L'Anio nous offrait une eau fraîche et limpide. Comme Narcisse, chacun de nous y alla mirer son visage, et le débarrasser en plus de la poussière historique de la voie Salaria! Un vigoureux coup de brosse fut échangé entre nous ; enfin, après avoir réparé tant bien que mal le désordre de notre toilette, après nous être munis d'une attitude pleine de dignité et avoir boutonné nos gants (je le jure, nous avions des gants !), nous reprîmes place sur la voiture (!), et l'on passa le Rubicon !

Notre petit cheval, lui-même, semblait avoir conscience de la situation ! Grâce à la pente de la route qui monte à la ville, son pas était devenu plus régulier, et la sonnerie de ses grelots plus sage. Dans la langue chevaline, il disait certainement à ceux de son espèce qu'il croisait au passage : « Mes bons amis, j'ai là, au derrière, de nobles étrangers qui jouent une de ces scènes qu'on ne joue qu'une fois ! »

Quelques champs cultivés bordent d'abord le chemin, puis quelques maisons de campagne, de plus en plus rapprochées. On sent le voisinage d'une ville importante.

Enfin, vers cinq heures et demie, nous arrivions devant la Porta-Pia ! A droite, dans les murs de la ville, on voyait une large brèche faite par l'artillerie italienne. C'est par là que l'unité était entrée le 20 septembre 1870.

L'un de nous, qui était déjà venu à Rome et en connaissait bien le plan, proposa de suivre extérieurement les murs et d'entrer par la porte du Peuple. L'avis fut adopté. Le voiturier prit à droite et s'engagea dans le chemin qui longe immédiatement les murailles. Un orage, qui nous guettait depuis deux heures, éclata tout à coup avec une violence extrême, et, sans aucun abri, en moins d'un quart d'heure nous fûmes mouillés jusqu'aux os !

Cheveux collés, barbes de tritons, poches et chapeaux changés en réservoirs, aspect de caniches mouillés, tous nos efforts du pont Nomentana étaient anéantis ! En arrivant devant la porte du Peuple dans ce piteux équipage, nous avions bien plutôt l'air de naufragés entrant à Rome par le fond du Tibre !

A ce moment l'orage cessa. Il avait obtenu ce qu'il voulait, n'est-ce-pas ?

Il serait plus lyrique de déclarer que ces petites misères ne nous atteignaient pas ; que nous avions tant de soleil dans le cœur en touchant au but de ce voyage, que le ciel noir ne pouvait rien sur les clartés du dedans, etc., etc. Il sera plus naturel et plus vrai de dire qu'un impérieux désir dominait en nous tous les autres : celui de changer de vêtements devant un bon feu !

O humanité ! que faire à cela ! Un mal de dents l'emportera toujours sur le plus radieux coucher de soleil ! Éternuer devant une madone de Raphaël, ce n'est pas la voir, et trouver un poisson rouge dans sa poche, lorsqu'on y cherche son mouchoir... on dira ce qu'on voudra, ce n'est pas supportable !

Ce n'est donc pas ce jour-là que nous comprimes que l'entrée de Rome par la porte du peuple est la plus belle. — C'est l'entrée à Paris par les Champs-Élysées de préférence à la porte de la Villette !

Le *voiturin* prit tout de suite à gauche et gravit lentement les pentes assez raides du Monte Pincio.

On y était; on la sentait, l'Académie; là, en écartant les branches, on aurait pu la voir. Le petit bruit des grelots précédait notre arrivée, annoncée depuis le matin par une dépêche. Tout à coup, un joyeux hurrah parti des fenêtres et de la porte nous apprit que nous étions arrivés ! En effet, cette sévère et massive construction, c'est l'Académie de France. Elle n'offre à la ville qu'un aspect assez maussade et garde ses élégances pour la façade intérieure tournée vers les jardins.

Il était six heures du soir; c'était le 23 mars, et nous étions partis de Paris depuis trente-sept jours.

..

En manière d'épilogue à ce long récit, j'ajouterai que, à demi portés par ceux-ci, serrés de près par ceux-là, nous nous trouvâmes, sans savoir comment, dans le salon des pensionnaires, où flambait un grand feu; puis, chacun s'étant mesuré, on nous prêta des vêtements et l'on nous conduisit à nos chambres.

Après quoi le dîner fut servi dans la fameuse salle à manger réservée aux portraits ! Le soir, Blanchard, écroulé dans un fauteuil et les pieds sur la cheminée, nous assura qu'il allait nous présenter au directeur. Ce cérémonial préalable nous rassura sur le caractère officiel de l'entretien, et, précédés de Blanchard, nous nous rendîmes chez Hébert.

Il était debout devant la cheminée du grand salon de l'Académie, et nous souhaita la bienvenue avec la plus affectueuse courtoisie. Je reconnus l'original du portrait des *Uffizi* de Florence avec quelques fils d'argent en plus dans la chevelure. Ce qui n'a pas changé, c'est la douceur de la voix, la lenteur facile de la parole et la distinction raffinée de cet esprit éminemment supérieur.

On nous reconduisit à nos chambres, et je restai seul.

Ce premier silence après tant de bruit, après cette longue route et ces changements incessants d'habitudes ou de visages, me procura une sorte d'étourdissement délicieux. C'est une de ces heures où l'on repasse toute sa vie. Je revis la mienne, celle d'un enfant de Paris n'ayant jamais vu le soleil que du fond de ce puits qui s'appelle la foule d'une grande ville !

Je revis les premières années inconscientes où l'on se cherche soi-même, sans but défini ; puis la lueur entrevue d'un art ; puis le travail, la peine, les doutes bien longs, les espérances fugitives ; enfin la première bataille et le but atteint! Je sentis qu'un premier anneau venait de se rompre dans ma vie : celui qui me rattachait aux rêves de la jeunesse, et qu'un autre venait de se souder qui me rivait aux réalités de l'âge mûr. Cependant, je contemplais comme une mer calme les quatre années de paix et de travail que j'avais devant moi ; puis, au delà, l'eau profonde et pleine de tempêtes qui s'appelle la bataille humaine!

Était-ce un regret? Était-ce une joie? Je ne sais : j'étais troublé, à la fois heureux du chemin parcouru et plein d'angoisses devant les inconnus de l'avenir!

Sur mes joues glissèrent lentement quelques larmes dont je ne veux pas rechercher la cause. Au fond, j'étais plus croyant qu'amer, et, doucement, tout doucement, en pensant aux miens, à mon art, à tout ce que j'aimais enfin, murmurant ce mot : Rome!... je m'endormis de mon premier sommeil sous le vieux toit de la villa Médicis!

LA VILLA MÉDICIS

Palais de trois siècles et demi, dont les habitants, inconnus encore, seront pour la plupart célèbres demain.

Le passage à l'Académie de France à Rome, en effet, est pour quelques-uns l'estampille de la gloire, de la simple réputation pour quelques autres ; pour les plus mal partagés, il reste une indéniable attestation de talent et de savoir.

C'est là que, depuis sa fondation par Colbert, en 1666, ont passé presque tous les artistes illustres de la France; et si, à côté de ceux-là, d'autres encore ont largement honoré le pays, il n'en reste pas moins acquis que, dans la proportion de 80 p. 100, le livre d'or de l'art français garde surtout le nom de ceux qui ont promené sous les chênes verts du « Bosco » les rêves de leur vingtième année.

La villa Médicis est la première grande étape de la vie d'un artiste. C'est la terre de Chanaan entrevue dès le début des études à l'École des beaux-arts ou au Conservatoire.

Le plus parisien, le plus sceptique, le plus gouailleur, ne saurait franchir ce seuil sans une larme silencieuse ; c'est le parvis sacré du sanctuaire où le néophyte reçoit le baptême; où le silence, le calme, la méditation, l'absence enfin de tout souci matériel achèvent de l'armer pour le bon combat. S'il doit y succomber, du moins ne sera-ce jamais sans honneur, et lorsqu'il reprendra le chemin de France une voix intérieure lui dira : « Va, maintenant, et Dieu fasse le reste! »

Ces quelques lignes donneront à penser que la vie du pensionnaire de Rome parodie d'assez près celle des moines. — On ne se trompera pas beaucoup.

Mais ici la règle est douce : et il n'y a pas d'exemple, depuis Colbert, que nul soit mort par excès des austérités et des macérations.

Moines laïques, extrêmement, bien entendu ; mais moines tout de même. La raison en est fort simple : outre que chacun a le souci de l'avenir et s'efforce à le rendre aussi bon que possible, en faisant une ample provision de travail, Rome n'est pas, pour l'habitant de la villa Médicis, ce qu'elle est pour un simple touriste qui, le Bœdeker à la main, visite le Vatican en une heure, le Forum en vingt-cinq minutes et Saint-Pierre en quinze autres!

Elle ne se laisse pas voir au voyageur pressé; et celui-ci, en général, n'en emporte qu'une impression aussi fausse que défavorable.

Ces vieilles pierres ne consentent à causer avec

l'homme que lorsqu'il les en prie quelque temps. Il y faut un stage; et la floraison luxuriante de la civilisation moderne qui les recouvre n'est pas pour les rendre bavardes.

Le pensionnaire a donc, d'abord, à les faire jaser. Bien des jours y passent et, la moisson faite, il en faut beaucoup d'autres encore pour dégager l'œuvre suggérée.

La vie mondaine — assez banale partout — l'est doublement pour le pensionnaire. Les relations qu'il peut se créer dans la société romaine sont forcément limitées à l'échéance de son retour en France et, par conséquent, n'ont guère de lendemains. Restent les soirées qui pour beaucoup, ne font que prolonger la journée de travail; ici et là viennent, en manière de diversion, les théâtres et les distractions qui se retrouvent dans toutes les grandes villes.

Voilà pour l'hiver.

L'été voit déserter la villa. En caravane, où seul, chacun transporte ses crayons — ou sa lyre! — à Naples, à Venise, allant par le chemin des écoliers, revenant par celui des flâneurs, s'arrêtant partout, parce que, en Italie, partout il faut s'arrêter et regarder.

Au bout de deux ans, le pensionnaire est affranchi de l'obligation de séjourner à Rome. Les uns voyagent et font bien; les autres reviennent vite au boulevard, et peut-être font-ils mieux : question de tempérament!

Et puis, on se retrouve au milieu de la bagarre parisienne, et la chaîne, interrompue pendant quelques années, se renoue, légère et fleurie pour quelques-uns, lourde et cruelle pour les autres, selon l'inéluctable loi de l'équilibre social bien connue.

Telle est la physionomie d'ensemble de la vie romaine pour nos peintres, sculpteurs, architectes, graveurs et musiciens. Quelques détails pourront, en outre, paraître intéressants :

La villa Médicis a été construite vers 1540, par le cardinal Ricci, qui la céda bientôt au cardinal Alexandre de Médicis, depuis Léon XI. Celui-ci la fit remanier et ajouta la façade dessinée, dit-on, par Michel-Ange. Plus tard le palais fut dépouillé de toutes les richesses d'art qu'il renfermait et à peu près abandonné.

En 1803, Suvée, directeur de l'Académie, échangea le palais de Nevers, situé à l'une des extrémités du Corso et occupé par l'Académie de France, contre la villa Médicis, qui devint propriété française.

Une description détaillée nous entraînerait trop loin, et je me bornerai à signaler, au premier étage, la bibliothèque décorée d'immenses tapisseries données par Louis XIV, et au second étage le grand salon, où l'on admire d'autres tapisseries envoyées par le roi Louis XV. Tout le reste de l'édifice est occupé par les appartements du directeur, les chambres des pensionnaires et le fameux réfectoire où l'on remarque une très curieuse collection de portraits.

Ce sont ceux de tous les pensionnaires, depuis le commencement du xixe siècle. Ils sont là, blonds, roux, bruns et noirs, souriants et chevelus, sous le brillant aspect de la jeunesse; et tel, que nous avons connu vieux et cassé, se montre, ici, sous un aspect absolument inattendu.

La valeur d'art de ces portraits est en général assez médiocre; mais la collection reste d'autant plus attachante qu'elle est unique.

A midi, le coup de canon du fort Saint-Ange amène à ce réfectoire les habitants du lieu avec les dents longues et la belle humeur en sautoir! Puis, après le déjeuner, voici la sieste, que chacun comprend à sa façon.

C'est à ce moment de la journée qu'il est curieux de faire une étude des caractères :

Pendant que celui-ci dévore les journaux fraîchement arrivés de Paris, cet autre, qui ne fume pas, va fureter dans la bibliothèque, dont la porte d'entrée est surmontée d'une plaque de marbre où s'étale cette inscription mal mise en place par le lapidaire :

A Napoléon-le-Grand, les arts reconnaissants.

Ce qui depuis un siècle fait lire aux farceurs : « A Napoléon, le grand lézard reconnaissant : »

. . . .

Il est entendu qu'on doit rire : c'est une convention tacite entre les anciens et les nouveaux venus.

D'autres vont lire dans le *Bosco,* admirable petit bois d'où l'on plane sur les beaux jardins de la villa Borghèse.

Les uns chassent le lézard au soleil, les autres l'imitent, étendus à l'ombre, sous quelque massif de buis ; mais les purs continuent la tradition du « Discobole », en se livrant au noble jeu de la *Ruzzica* (dialecte romain), autrement dit du disque, sorte de palet de bois qu'il s'agit de lancer vers un but déterminé au moyen d'une corde mouillée ; exercice qui met en valeur le torse et les biceps chers à la coquetterie masculine.

Puis, les rangs s'éclaircissent et chacun retourne à sa tâche, jusqu'au dîner, où l'on se retrouve au réfectoire avant de se séparer de nouveau, les uns pour s'atteler à d'interminables parties de dominos « à quatre », les autres pour aller voir, au dehors, si la lune apparaît toujours comme un point sur un *i*, au-dessus du « clocher jauni ».

Pour un voyageur français, il est bon de se promener quelques heures sous les pins-parasols qui ombragent la « Minerve » des jardins ; de dîner au milieu de cette jeunesse d'élite toujours empressée, en son exil doré, à recevoir quelqu'un de « là-bas », c'est-à-dire du pays ; toujours friande d'en parler vite et librement la langue, pour se reposer de l'italien obligé dans les relations journalières.

Ce voyageur emportera un inoubliable souvenir de ces scènes, banales partout ailleurs, qui, là, prennent une signification particulière ; car s'il apporte aux habitants du lieu comme une bouffée de l'air natal, lui-même, pour quelques heures, pourra se croire en terre française, et l'on ne peut s'imaginer, sur le boulevard ou chez soi, ce qu'est ce sentiment de l'autre côté d'une frontière.

Et puis, après le départ du voyageur, tout rentre dans le calme accoutumé. Chacun reprend son rêve personnel, qu'il conte, le soir aux étoiles, et qui, même trompeur, restera jusqu'au bout de la vie comme un cher parfum au plus secret du cœur, puisque le souvenir de la villa Médicis sait chanter à tous la gaie chanson de la jeunesse !

LA VIE ROMAINE

Une commode de bois blanc peint au hasard, avec l'intention flagrante d'imiter l'acajou : à ce meuble, des tiroirs qui, cédant brusquement lorsqu'on les tire, jettent leur homme par terre et qui, résistant quand on les pousse, pourraient déterminer une rupture d'anévrisme : une table de bois blanc aux quatre pieds de laquelle il ne faut pas trop se fier : un lit composé de deux petits matelas aboutés placés sur de longues planches reposant elles-mêmes sur deux chenets de fer : quelques chaises de paille, dont il ne faut user qu'avec la plus extrême prudence : enfin, un fauteuil de cuir recouvert d'une éblouissante housse d'andrinople, tel est le mobilier qui compose la chambre du pensionnaire de Rome à la villa Médicis.

Ces pauvres morceaux de bois qu'on a violentés pour en faire des simili-meubles, ont servi à des générations d'artistes et, à défaut de la forme, ce souvenir les rend respectables au nouvel arrivant.

Celui-ci, s'il est fortuné, a bien vite fait de dissimuler ces braves invalides derrière des tapis, des étoffes et des bibelots ; mais s'il n'a que des espérances dans son sac, il lui faut vivre devant la nudité couverte de horions de ce mobilier sommaire et surmené.

Cependant les musiciens ont de plus un excellent piano à queue envoyé gracieusement par Pleyel, et qui même est renouvelé lorsqu'il en est besoin !

Eh bien ! à vingt-cinq ans, avec quatre ans d'indépendance et toute la vie devant soi pour acheter des meubles, c'est absolument parfait ; et celui-là qui ne se trouve pas heureux dans ces conditions est un schismatique ou un niais.

On se familiarise avec ces immenses chambres voûtées longues de vingt-deux pas, larges de six : hautes de plus de cinq mètres dans des murs épais de deux. On s'habitue à cette peinture à la colle d'un vert-d'eau passé relevé, au plafond, comme à la plinthe, de deux larges bandes rouges, ainsi qu'à cette fenêtre à petits carreaux qui n'a jamais fermé, qui ne ferme pas, qui ne fermera jamais, donnant pour excuse qu'elle ouvre sur le panorama de Rome et que cela doit suffire.

Et tout doucement la vie se passe là sans secousses, entre le travail du présent et les rêves de l'avenir, au milieu d'une camaraderie franche qui, le plus souvent, se change en amitiés solides.

Après ce rapide exposé, entrons dans le détail de la vie romaine réservée à un pensionnaire de l'Académie depuis son arrivée à la villa.

Jadis, parmi les vieux usages qui y régnaient, le nouveau débarqué était soumis à des *charges* d'atelier, toujours prévues, mais toujours renouvelées aussi avec une fertilité d'imagination qui fait honneur à la corporation.

Ce n'étaient, bien entendu, ni des brimades, ni des épreuves proprements dites, l'esprit particulier à ce milieu d'artistes excluant la brutalité des unes et la solennité des autres.

Des collections de dessins ont gardé le souvenir de ces scènes comiques d'autant plus curieuses, que les personnages représentés, et les dessinateurs eux-mêmes, inconnus alors, sont devenus célèbres depuis et même illustres pour la plupart.

Notre sombre année 1871 fit tomber la tradition, et je ne crois pas qu'elle ait été reprise par nos successeurs. Mais si le présent n'apportait rien de nouveau, le passé avait une histoire riche de faits.

Cependant, je ne m'attarderai pas au détail de ces prouesses que les anciens racontaient avec des rires énormes ! Dans la reculée des années elles perdent beaucoup de leur joyeuseté. Il me suffira de dire qu'elles étaient fort spirituellement associées à la *tournure* du nouvel arrivant et que, du premier coup, elles en dégageaient la plus fine et la plus exacte critique.

Ainsi à celui qui, plus que tous les autres, paraissait soucieux de ses avantages plastiques, un petit modèle remettait furtivement une lettre parfumée écrite en un italien recherché, plein de réticences, d'euphémismes et, bien entendu, signée d'un nom de femme ! On devine ce que pouvait contenir cette lettre où le mot *rendez-vous* était écrit *appuntamento*, c'est-à-dire sans aucun sens pour le pauvre Roméo encore étranger au langage de Juliette ! On voit aussi quelle rage muette, quel effort pour comprendre, quelle lutte intérieure pour ne pas demander la traduction aux bons apôtres, qui, naturellement, avaient rédigé le doux billet, et riaient, à part, de la déconvenue de leur nouveau camarade.

Je rattacherai encore à la joyeuse série des *charges*, un type de pensionnaire aujourd'hui disparu.

C'était un vieux peintre nommé Gibert, qui, le dernier, en 1826, avait remporté le grand prix de Rome dans un concours supprimé l'année suivante : celui de paysage historique.

Le père Gibert, comme on l'appelait familièrement, était donc arrivé à Rome en 1827 et n'en était jamais reparti ! Il logeait près de la place d'Espagne à dix minutes de l'Académie, où les différents directeurs qui s'étaient succédé lui avaient permis de garder un petit atelier assez sombre et refusé de tout le monde pour cette raison. Quelle gâterie !... C'est là que pendant plus de quarante-cinq ans, Gibert a peint le même tableau, bien qu'il prétendît à deux compositions différentes! Dans la première version, la toile montrait l'embouchure de l'Anio dans le Tibre, avec un cheval mort (vu de dos) sur un îlot de sable. L'unique modification de la seconde version portait sur le cheval qui était vu de face!

Les Anglais achetaient volontiers ces tableaux que les demoiselles peuvent regarder sans baisser les yeux, et j'ai toujours pensé que si l'on faisait un inventaire des collections particulières de la Grande-Bretagne, on y relèverait une très grande quantité de Gibert, d'Anio, de confluents et de chevaux morts sur un îlot de sable!

Lorsque je fis sa connaissance, l'auteur de ces toiles recherchées avait environ soixante-dix ans. D'un naturel doux et tranquille, il avait gardé la plénitude de ses facultés, que, d'ailleurs, on sentait n'avoir dû jamais être surmenées! D'extérieur modeste, il était invariablement vêtu d'une redingote noire et ne se séparait jamais (même à table), d'un chapeau haut de forme à très petits bords qui semblait obstinément soudé sur sa tête.

Ce qui m'avait d'abord attiré vers le bon Gibert, c'était son séjour de quarante-cinq années à l'Académie et la mine de souvenirs, qui, nécessairement, devait en résulter! D'ailleurs le brave homme avait l'habitude d'être questionné, et il avait pris celle de raconter en fumant une longue pipe de terre, qu'il abandonnait rarement, et qu'il cultivait avec la science d'un vieux praticien.

Plus de deux cents pensionnaires avaient passé devant ce placide calumet oublieux des camaraderies inutiles, qui, semblable à la destinée, n'avait rien retenu des vaincus et se souvenait de tous les autres! Il n'y avait nulle malice à cela; d'ailleurs, le père Gibert eût été incapable d'en mettre aucune. Chacun avait son casier dans cette mémoire. En la feuilletant, on y voyait le dédain de Montfort pianiste pour Berlioz, non pianiste, jouant de la guitare au cours de ses promenades nocturnes, et pris accidentellement de rires… homériques bien entendu; car on sait que tout était homérique avec Berlioz.

On revoyait, par le menu, les toilettes recherchées de Cabanel; les gaietés d'Ambroise Thomas sautant par-dessus les haies du jardin; le duel de celui-ci; les aventures de cet autre, etc., etc.! C'était comme une lanterne magique dans laquelle défilaient bien des hommes célèbres, non plus avec l'attitude sévère, réservée, officielle, sombre, solennelle ou prudente que la vie les a amenés à adopter, mais avec l'abandon naturel de leur jeunesse où ils étaient déjà quelqu'un avec cette supériorité, en plus, qu'ils l'ignoraient encore.

Aux jours de fête, ou dans les réceptions extraordinaires, le père Gibert avait sa place à notre table, et les nouveaux arrivés regardaient avec étonnement ce calme vieillard fourvoyé au milieu de cette bruyante jeunesse.

« Qui est ce Monsieur? » demandait le nouveau.

« C'est le médecin de l'Académie, » répondait l'ancien.

Alors on voit la scène !

Comme, après un aussi long voyage, les nouveaux s'étaient généralement un peu surmenés en route, aussitôt le dîner terminé le père Gibert était entraîné dans l'embrasure d'une fenêtre pour y recevoir les confidences du malade. Gibert jouait son rôle depuis plus de trente ans et y dépensait l'art d'un vieux comédien. Son aspect, son costume, son âge, son fameux chapeau, enfin, tout contribuait à donner quelque vraisemblance à cette fable !... Il écoutait gravement, questionnait judicieusement, tâtait le pouls, faisait tirer la langue et, finalement, ordonnait pour le soir un verre d'eau fraîche et pour le lendemain un bain de pieds très chaud !

Si le malade témoignait quelque étonnement d'une telle ordonnance, le père Gibert le clouait sur place en invoquant la particularité du climat de Rome ; et, il n'y a pas d'exemple qu'un pensionnaire se soit soustrait à cette médication qui a, du moins, cette supériorité sur beaucoup d'autres qu'elle n'a encore tué personne !

．．

Après quelques jours consacrés à son installation, le nouveau venu voit peu à peu reprendre autour de soi les habitudes de la maison.

La vie des pensionnaires de Rome, je le répète, est assez uniforme. Venant de Paris, où les uns ont été élevés, où les autres ont passé plusieurs années, la différence est tellement radicale, que quelques-uns n'ont jamais pu s'acclimater, ont souffert même d'une rupture aussi complète avec leurs affections ou leurs habitudes. Il en est qui se sont sauvés au bout de huit jours!

D'autres, au contraire, se trouvent si parfaitement heureux, qu'ils restent à Rome plusieurs années après leur pension, quelquefois même toujours, comme le père Gibert! Mais, en général, ces derniers sont en minorité, et dès que le pensionnaire a fait *son temps*, il s'empresse de revenir à Paris par les voies rapides.

La vérité, comme toujours, est au milieu de ces déterminations extrêmes, et si deux ou trois ans sont nécessaires pour l'assimilation de ce qui est assimilable à chaque art et à chaque tempérament, un plus long séjour aurait plutôt des inconvénients que des avantages.

D'abord, l'ennemi à Rome c'est le vent de Sirocco. On lui résiste pendant les premiers mois; il vous terrasse ensuite. Il souffle plus de deux cents jours par an, tantôt avec une violence extrême, le plus souvent sans qu'on s'en aperçoive; mais alors les énergies les plus résolues sont anéanties sous l'influence d'un air étouffant, moite, accablant jusqu'à ne laisser place qu'à un irrésistible besoin de sommeil.

Pour celui qui est poursuivi par une idée dont la réalisation nécessite de longues journées de travail, cet ennemi invisible est un encombrement inutile dont on est heureux de se débarrasser dès que le but du voyage est atteint et que la moisson d'art est faite.

L'hiver, les théâtres n'offrent d'intérêt, ni par la production locale, ni par l'interprétation qui ne peuvent satisfaire que les Italiens.

Quant à la société romaine, elle ne s'attache guère à cette jeunesse de passage qui partira comme elle est venue, et dont la valeur intellectuelle n'est pas encore consacrée par la réputation acquise. Le pensionnaire a bien vite fait de comprendre que son rôle, dans ces magnifiques palais, est à peu près celui d'un figurant ; aussi, au bout de deux ou trois visites, s'empresse-t-il de battre en retraite avec cette courtoisie française à laquelle le monde entier rend hommage.

Le dimanche, le directeur invite à tour de rôle deux pensionnaires à sa table, où se trouvent réunis d'aimables ambassadeurs quelquefois, d'insignifiants *attachés* le plus souvent.

A la réception du soir, la plupart des pensionnaires montent chez le directeur et vont silencieusement se blottir sur un divan dans le fond du grand salon, un peu à la manière d'oiseaux effarouchés sur un bâton de volière. Ils se serrent si bien les uns contre les autres qu'on leur a donné le nom de *serpent noir !*

Après avoir somnolé pendant une heure de cinquante minutes en cette correcte attitude, la stratégie de l'animal consiste à glisser imperceptiblement sur le divan afin de regagner la porte par où, anneau par anneau, il disparait sans qu'on s'en aperçoive.

Tout cela est solennellement officiel et, disons-le tout de suite, parfaitement ennuyeux.

Parfois un *grrrand* événement venait troubler la sérénité de ces pures joies! L'ambassadeur était changé! A chaque nouveau diplomate il fallait faire une visite en corps; vêtus du frac et cravatés de blanc, nous partions dans des voitures, précédés de Hébert, notre directeur. Celui-ci échangeait cinq ou six formules avec l'ambassadeur, et l'on revenait bien vite à l'Académie dépouiller le costume officiel et savourer dans la retraite les bonnes et réconfortantes paroles entendues!

Un jour la cérémonie eut un caractère absolument comique. A l'heure dite, nous étions réunis une vingtaine dans le grand salon de l'ambassade. Nous formions le cercle dont Hébert occupait le centre avec le secrétaire de l'Académie (un octogénaire sceptique qui parlait franc d'autant plus que le mot « opportunisme » n'était pas encore inventé).

On annonce l'ambassadeur, par extraordinaire tout à fait inconnu d'Hébert. Celui-ci se présente donc lui-même d'abord. Compliments. Présentation du secrétaire. Cet autre rappelle au diplomate que,

trente ans auparavant, il avait, en sa compagnie,
fait une promenade aux environs d'Albano, et qu'au
retour la voiture avait versé. Grimace de l'ambassadeur à ce souvenir pénible évoqué pendant la solennité d'une réception officielle. Enfin notre tour arrive
et, sans qu'on sache pourquoi, la présentation, au
lieu d'être faite en bloc, suit l'engrenage indivi-
duel ! ! !

Hébert commence par le premier du cercle : « M. A.,
peintre. »

L'Ambassadeur. — Ah ! Monsieur, vous êtes peintre ! La peinture est un bel art ! J'aurais voulu être
peintre ! Mais la diplomatie m'a pris, et je ne suis
resté qu'un amateur !... Et... vous avez à Rome de
grands sujets d'étude..., etc.

Réponse du peintre.

Hébert. — M. B., sculpteur.

L'Ambassadeur. — Ah ! Monsieur, vous êtes sculpteur ! La sculpture est un art admirable !... Rome
vous offre de beaux modèles !..., etc.

Réponse du sculpteur.

Hébert. — M. C., architecte.

L'Ambassadeur. — Ah ! l'architecture ! Rome est
riche en ruines remarquables !...

Réponse de l'architecte.

Hébert. — M. D., graveur.

L'Ambassadeur. — Monsieur, charmé de voir un
graveur ! Il est clair qu'il y a ici pour vous, une mine
féconde qui... que..., etc.

Réponse du graveur.

Hébert. — M. E., musicien.

L'ambassadeur. — Ah! aussi de la musique! Mais, au fait, pourquoi pas? Verdi, Donizetti... Rome vous offre des sujets de comparaison qui... que..., etc.,

Réponse du musicien.

Après cette première grappe de cinq, il ne restait plus que trois groupes de cinq également. Le n° 6, était peintre, le n° 7 sculpteur, le 8 architecte, etc.! Au quatrième peintre l'ambassadeur, qui ne savait déjà plus que dire depuis le troisième architecte, ne put que pousser un : « Ah! Monsieur, vous êtes peintre... » suivi d'un « Ouf » lamentable ! Nous faisions de visibles efforts pour ne pas éclater de rire. Ce n'était la faute de personne, pourtant c'était irrésistible!

. .

Dès le printemps, heureusement, chacun part en voyage par groupes de deux, trois ou plus, et s'en va passer quelques mois à Naples, à Venise, à Florence où l'appelle enfin le travail ou le désir du moment.

Comme on le voit, cette existence, avec de très grands avantages de liberté, manque cependant d'une chose qui, à la longue, devient une véritable privation, et dont l'absence peut avoir les plus sérieuses conséquences : on n'a aucune relation.

On se sent comme entre ciel et terre avec le rêve

étoilé en haut et la réalité de la vie en bas. C'est le mélange de ces deux éléments qui remplit toute la vie d'un artiste, et l'équilibre est rompu si l'un des deux vient à manquer.

Écrire un opéra est bien, l'entendre est mieux; si Rome est favorable à la gestation de l'œuvre, ce n'est que Paris qui peut lui donner des ailes.

Tels sont les arguments de ceux qui ne sont jamais contents.

Ceux, au contraire, qui savent prendre la vie comme elle est, et se faire un nid bien chaud où les autres ne parviennent qu'à planter une tente de hasard, ceux-là s'accommodent très bien de cette existence. Ils ne voudraient peut-être pas la recommencer, mais ils sont heureux de l'avoir vécue !

.·.

C'est dans ce cadre, dont le souvenir parfume encore la vie des plus anciens, qu'un charmant matin de mai, tout plein d'une joie inénarrable, j'écrivais la dernière note d'un ouvrage qui m'avait tenu plus de six mois à ma table de travail.

Celui-là qui tient la plume du musicien ou du poète, l'ébauchoir du sculpteur ou la palette du peintre, connaît seul l'abîme qui sépare la conception d'une œuvre de son exécution définitive !

Aussi, grande est-elle la détente de l'esprit lorsque le vieux : *Un tel fecit,* ou le nom moins antique :

Chose pinxit, sont venus à leur tour prendre place derrière la dernière touche !

A de longues semaines de doute, de recherches, de tâtonnements, de lueurs entrevues (d'étincelles pour quelques-uns), succède l'éloquence à la fois brutale et bienfaisante du fait accompli ! Ce n'est pas le succès encore ; car si l'œuvre est là, debout, elle est ignorée, et, après être sortie du vide, du rien, du silence des choses mortes, il lui reste à supporter le choc de la présentation au public.

Que sera ceci ?

La gloire, la célébrité ou simplement la fortune ?

S'arrêtera-t-elle, cette foule qui fait les réputations, ou passera-t-elle pour aller acclamer l'œuvre du voisin ?

That is toujours *the question !*

Mais, le matin dont je parle, je n'étais pas du tout d'humeur à sonder les profondeurs du *To be or not to be*; j'étouffais, je débordais de joie.

Allant et venant fiévreusement dans ma chambre, nerveux, agité, touchant machinalement à ceci et à cela, l'esprit traversé de mille choses immédiatement traduites par de violentes exclamations, je devais avoir l'air d'un fou ! Seule une statuette de Pradier que j'avais sur mon piano eût pu me l'avouer : mais tout le monde sait qu'à l'exception de la gente Alice de *Zampa* et de sa cousine la Vénus d'Ille, les statues sont de discrètes personnes.

Je ne sais combien de temps eût pu durer ce

manège renouvelé de l'ours Martin, si le coup de canon quotidien du fort Saint-Ange ne fût venu fort à propos me rappeler qu'il était midi.

Le canon du fort Saint-Ange n'est pas comme celui du Palais-Royal. Il part. Si bien même, que les gens nerveux en reçoivent quotidiennement une commotion qui, à l'usage, ne peut que favoriser leur état maladif; et comme les choses de ce monde ne sont pas du tout ce qu'elles sont, mais bien plutôt ce qu'elles nous semblent être, ce même coup de canon qui l'hiver, par un temps de pluie ou de sirocco, me surprenait souvent d'une manière fort désagréable malgré l'habitude prise, me parut ce jour-là gai comme un éclat de rire.

D'ailleurs un coup de canon qui ne tue personne est, au demeurant, le plus honnête des coups de canon.

Celui du fort Saint-Ange est immédiatement suivi de l'*Ave Maria* sonné par les trois cent quatre-vingt-seize églises ou chapelles (*sic*) de la Ville Éternelle; or, comme chacune d'elles, en cette circonstance, met en branle deux ou trois cloches de toutes les grosseurs, et souvent agrémentées de pas mal de fêlures, il en résulte un charivari où sombreraient les plus sincères velléités de recueillement.

Ah! l'*Angelus* de France, dont le nom seul est une musique, que de fois on le regrette là-bas avec ses trois coups isolés d'abord, son tintement lent, régulier et sa poésie du soir dans la campagne !

Aussi, à Rome, cet effroyable bredouillement venant à l'heure du déjeuner, laisse-t-il dans l'air d'énormes ondes sonores dont le sens le plus clair est assurément de souhaiter bon appétit à la population.

Je sortis donc, et quelques minutes après j'étais à ma place dans l'antique salle à manger de notre bonne vieille Académie.

Je n'oublierai jamais la profonde impression que je reçus, la première fois que j'entrai dans cette salle voûtée et garnie du haut en bas de portraits symétriquement enchâssés dans de petites cases dorées.

Naturellement les musiciens m'ont toujours attiré de préférence : Halévy avec des lunettes, un gilet jaune et un habit bleu, au col boursouflé, à la mode de 1820 ; mon cher Victor Massé avec sa bonne figure douce, fine et souriante ; mon ami G. Bizet, curieusement éclairé par un jour d'en haut et qui ressemble à Roméo. Puis un Gounod mystique, brun, avec de longs cheveux et ce regard limpide qu'il a gardé jusqu'au dernier jour ; un Ambroise Thomas sérieux, mélancolique, d'une certaine austérité d'aspect, et cependant d'une expression d'ensemble qui inspire la sympathie et commande l'attention.

J'en passe, et des meilleurs, n'ayant ni l'éloquence de Ruy Gomez de Silva, ni la patience du don Carlos d'*Hernani*. Ce jour-là, les portraits les plus sombres de la salle à manger me parurent animés du plus aimable enjouement; vus à travers l'état d'esprit dans lequel je me trouvais, il n'est pas jusqu'aux plus grognons, qui ne me parussent esquisser un sourire.

Comme le déjeuner s'achevait, on frappa discrètement à la porte.

« Quel est l'audacieux ?... » commença Lafrance d'une voix forte empruntée à Gessler !

La porte s'ouvrit doucement et livra passage à un vieillard paraissant fort ému.

« Veuillez excuser mon importunité, Messieurs ;
« mais je n'ai pu maîtriser l'ardent désir de revoir
« cette salle et cette table où je m'asseyais il y a
« près de cinquante ans ! Je suis un de vos anciens
« camarades ! »

Et il se nomma.

C'était M. Labrouste.

Tout le monde se leva, s'empressant autour du maître architecte dont la joie fut grande de prendre le café avec nous, et qui, invité au dîner du soir, y occupa la place d'honneur en évoquant les plus touchants souvenirs !

∴

Revenu dans ma chambre, je me retrouvai en face de ma partition achevée.

Que faire ?

En recommencer une autre, disait la raison ;

certes, mais non sans mettre un fossé entre les deux, répondaient les nerfs. Ce dernier avis me parut le bon ; aussi, me rangeant du côté du fossé, me préparai-je à faire un tour dans le midi de l'Italie ; et le lendemain matin quittais-je l'Académie muni d'un bagage sommaire (ce sont les meilleurs) pour aller prendre le premier train de Naples.

HÉBERT-LISZT

Dans mes souvenirs de ce temps, quelques figures se détachent en relief sur le fond des simples camaraderies.

La première est celle de mon cher Hébert, qui était mon directeur et dont j'ai eu l'honneur de rester l'ami. Je lui dois une sorte de paternité d'art où j'ai eu bien plus à prendre qu'à laisser; et j'ai gardé la plus vive reconnaissance pour son attachement dévoué à une nature qui diffère de la sienne sous tant de rapports, mais s'en rapproche sous tant d'autres aussi !

Hébert, doux, charmant, homme du monde et choyé par lui, ne comprenait guère, au début, qu'un musicien se complût dans des manières d'ours insuffisamment léché, qui, ours avec délices, ne venait que rarement apporter son pelage, lisez son habit, au *serpent noir* de la ménagerie académique. Alors, le lundi matin, on frappait à ma porte et je voyais entrer Hébert muni d'un air sombre.

« Eh bien, vous vous êtes encore fait excuser?
— Je m'excuse encore !
— C'est donc un parti pris ?
— Nullement ; mais...
— Pas de mais ! Venez dimanche, est-ce dit ?
— C'est entendu. »

Puis nous nous accoudions sur la fenêtre qui regardait Rome et, en fumant une cigarette, nous avions une bien meilleure causerie que celle que nous aurions pu avoir la veille au milieu des attachés, des *signori*, ducs, comtes et barons, près de qui je ne trouvais à glaner qu'un incurable ennui !

Il y avait cependant le dimanche où j'étais *de garde;* c'est-à-dire où mon tour arrivait de dîner chez notre bon directeur, et celui qui suivait où j'allais faire ma visite ; et puis j'en avais pour quatre ou cinq semaines à me sentir affranchi de cette joie redoutée.

Ce sont là des formules obligatoires aussi ennuyeuses pour celui qui reçoit que pour ceux qui sont reçus. Personne n'est soi dans ces sortes de réunions ; le langage y est gourmé, les manières affectées, le naturel absent, et l'on n'est excusable d'y paraître que lorsqu'on y est contraint.

J'ai toujours pensé qu'un ministre allant présider une distribution de quelque chose, avec discours obligé, doit prendre, au départ, une solide provision de résignation, et que c'est avec une joie féroce qu'il reprend, au retour, son individualité... s'il en a une ! Ah ! s'il n'en a pas, les cérémonies officielles sont, après tout, d'innocents plaisirs dont il serait barbare de le priver !

Aux réceptions de l'Académie, je préférais, certes, m'en aller vers le soir frapper à la porte de l'atelier d'Hébert ! Je le trouvais là, dans son petit jardin sur les murs, avec les belles prairies de la Villa Borgèse en face. Il travaillait à sa jolie *Tricoteuse* ou à sa poétique *Madone noire*, qu'on a depuis appelée *la Vierge de la délivrance*. Peu à peu la nuit venait ; il posait sa palette et s'abandonnait à des méditations sur l'art, pleines d'aspirations élevées. Il m'expliquait la beauté des *Loges* et des *Stanze*, la grandeur de la *Sixtine*, et, en rentrant chacun chez soi, comme des moines dans leur cellule, je sentais, que j'avais appris quelque chose, et mon attachement pour le directeur se fortifiait de la reconnaissance pour l'ami.

D'autres fois, Hébert venait me voir vers quatre heures ; il m'emmenait dans sa voiture courir la campagne de Rome dont il connaissait toutes les pierres depuis plus de trente ans déjà ! On revenait à la nuit et l'on dînait dans quelque vieille *osteria*, aux environs des portes, pendant que la lune se levait sur des ruines d'aqueducs qu'Hébert appelait « des vieillards enveloppés dans leur manteau de lierre ».

Puis c'était encore une visite à quelque église ou à quelque musée, où son imagination, familière depuis longtemps avec chaque chose, expliquait la pensée maîtresse de l'artiste avec des élégances de langage tout à fait séduisantes.

Nous étions quelques-uns, vivant ainsi dans l'intimité de ce charmant esprit, et ceux-là qui ont su le comprendre et s'y attacher ont certainement élargi un coin de leur horizon en se faisant un ami.

.˙.

Une autre figure d'artiste apportait une note étrange, curieuse et bien personnelle dans la vie romaine : c'était celle de Liszt.

Que n'a-t-on pas dit et écrit pendant cinquante ans sur cet étonnant musicien?

En France, il n'est guère connu que de nom du public; seuls, les pianistes ont percé à jour une bonne partie de son œuvre considérable. Mais le reste?

Le reste a surtout la valeur initiale d'un point de départ.

Cependant le génie, évident et très particulier de cet homme extraordinaire, ne lui a pas permis de dompter le piano, comme l'ont fait Mozart, Beethoven, Mendelssohn, Meyerbeer et d'autres virtuoses aussi, qui n'ont jamais été dupes de leurs doigts comme Liszt semble l'avoir été.

Pour un compositeur, le piano est un outil commode et rien de plus. C'est la pierre de touche. Avec lui, on fait la preuve du métal; mais il faut qu'une conception indépendante et supérieure ait précédé. Tout demander au piano, c'est alourdir son propre vol ; tout lui refuser, c'est s'exposer à des dangers dont la gaucherie dans la facture est le moindre.

Parmi ceux qui s'en passent tout à fait, que de maladresses inconscientes ! Il est vrai qu'il se trouve des gens pour y découvrir la preuve même du génie ! Parmi ceux qui ne peuvent s'en séparer un instant, que de trompe-l'œil ! Il est vrai que les mêmes gens, toujours, y voient des inspirations d'en haut !

L'esprit *pianistique* est cependant si nécessaire, lorsque, encore une fois, il est dirigé par une volonté maîtresse, que presque tous les chefs-d'œuvre consacrés en sont imbus, et que l'orchestre lui-même a dû subir les formules du piano qui lui sont le plus antipathiques. Pour s'en convaincre, et se limitant au violon, il suffit de comparer l'écriture d'un concerto avec celle d'une symphonie ou d'un opéra. Dans l'un, la préoccupation de faire valoir l'instrument fait passer au premier plan sa technique spéciale. Dans les autres, le but suprême étant avant tout de dire quelque chose, le piano reparaît sous l'idée dans les dessins, les dessous et tout ce qui constitue la pâte instrumentale.

L'orchestre s'en tire alors comme il peut, et dans nos grands théâtres comme dans nos grands concerts, on sait avec quelle habileté !

Voilà une bien longue digression sur le piano ; mais on voudra bien se rappeler qu'il s'agit de Liszt :

ce n'est donc pas sortir du sujet que s'attarder un peu sur le clavier.

Liszt voyait haut et grand ; il a remué beaucoup de vastes idées, déclarées folles de son temps, devenues courantes aujourd'hui. Comme virtuose il a littéralement crevé toutes les doctrines et toutes les conventions. Sa main énorme, qui lui permettait de jouer des successions rapides de *dixièmes* aussi facilement que de simples *octaves* ou d'humbles *sixtes*, était l'instrument d'un des cerveaux les plus *embroussaillés* qu'on puisse imaginer.

Dès l'enfance, on le porte aux nues sur un clavier d'apothéose! Jeune homme, il entre dans la vie sur le dragon ailé du romantisme !

Est-ce sur les hauteurs de l'Olympe, du Brocken ou de la simple butte Montmartre que l'a déposé son hippogriffe? On ne l'a pas encore nettement démêlé. Ce qui est certain, c'est que Liszt appartenait à cette catégorie de tempéraments, qui ont besoin de remuer des blocs à tout propos, fût-ce pour raconter les amours du papillon et de la rose? Il lui fallait extraordinairement de notes, de combinaisons et d'enchevêtrements pour dire ce qu'il avait à dire, et les difficultés d'exécution qui résultent de cette facture n'ont pas peu contribué au silence qui pèse sur son œuvre. Telle qu'elle est, elle ne reste accessible qu'à la loupe des musicographes ou à la rare patience de thuriféraires convaincus.

Cependant si Liszt n'a pu réaliser lui-même ses

puissantes conceptions, il a du moins montré la route à d'autres, et c'est le plus clair de sa gloire de compositeur. Il a deviné Richard Wagner qui, sans lui, eût peut-être péri de misère, ignoré de concitoyens qui l'avaient banni. C'est Liszt qui, le premier, a fait connaître l'admirable *Lohengrin*; et Wagner ne date que de cette représentation.

Liszt, le premier aussi, ou l'un des premiers, a encore imaginé le poème symphonique et la musique à programme. En tous cas, ses tentatives dans le genre sont curieuses; mais il était réservé à un musicien français de le rendre tangible. Camille Saint-Saëns, passant par là, ramassa la formule et la consacra en écrivant deux chefs-d'œuvre : *La Danse macabre* et le second prélude du *Déluge*.

En Liszt, encore une fois, il semble que le virtuose ait escobardé l'artiste. L'appétit demesuré de l'effet personnel a souvent masqué la vérité à cette intelligence de premier ordre pourtant. Même sur le tard, alors qu'il s'était volontairemsnt retiré de la vie militante pour entrer dans la vie contemplative, il avait gardé sa foi et des tendresses d'aïeul pour les exubérances voulues et savamment étudiées des virtuoses chevelus.

Un jour, à Rome, je lui parlais de je ne sais plus quel imbécile ordinairement affublé de décorations invraisemblables. Ce malheureux avait joué d'abord un morceau de caractère (!) de sa composition (!!); puis l'arrangement célèbre (!!!) du quatuor de *Rigo-*

letto réduit pour la main gauche seule! Pendant l'exécution, et voulant sans doute faire bien voir au public que la seule main gauche *travaillait*, l'animal n'avait-il pas pris son foulard de la main droite pour se moucher bruyamment au beau milieu du morceau ! J'exprimais à Liszt mon dégoût pour ces procédés absurdes et dignes de la foire ; je n'oublierai jamais le regard qu'il me lança en me serrant vivement le bras, pendant qu'il me disait, souriant : « Mon cher enfant, pour un virtuose, il faut cela ! C'est indispensable ! »

J'avais touché, sans le vouloir, à quelque pédale intérieure qui venait de faire vibrer tout l'homme.

En dehors du musicien il y avait en Liszt un homme d'un esprit très original et doué de facultés remarquables. C'était un nomade, et, partout où il passait, sa fréquentation habituelle avec les plus hautes intelligences lui avait appris en quelque sorte à penser de trois ou quatre manières différentes sur un sujet.

Est-ce un bien, est-ce un mal ?

Il est clair qu'un peu plus de naturel eût peut-être dégagé l'étincelle de cette haute personnalité. Néanmoins, tel qu'il était, Liszt était un charmeur et le roman de sa vie le prouve bien !

La première fois que je le vis, c'était au couvent de Santa Francesca Romana où il habitait deux cellules donnant sur le *mont Palatin*, avec le *Colysée* à gauche, *l'arc de Titus* à droite et la *Voie sacrée* en bas.

Ce musicien ultra-avancé perdu dans ce paysage
antique ; ce prêtre romantique à l'ancre dans ce couvent d'hommes construit sur les ruines d'un temple
de Vénus ; il n'y a pas à dire, c'était très plaisam-
ment choisi !

Dans cette mise en scène pittoresque le costume
était ce qu'on voudra :

> Je suis oiseau ; voyez mes ailes :
> Qui fait l'oiseau ? c'est le plumage !
> Je suis souris, vivent les rats !
> Jupiter confonde les chats !
>
> . . . .

L'habit s'était allongé et un peu refermé dans des
componctions de soutane ; le gilet s'était étendu
comme un voile sur les tempêtes de cette poitrine ;
la cravate était restée blanche et le pantalon noir.
Les cheveux y étaient toujours : gris, avec la ton-
sure naturelle qu'apportent les années, mais longs
comme autrefois, et prêts à tous les ébouriffements
des fulgurants accords d'antan !

En rectifiant ceci, on pouvait décemment servir la
messe ; en corrigeant un peu cela, on était prêt pour
le concert !

L'attitude était fière mais bienveillante ; le geste
protecteur et le regard défendu, plutôt que dérobé,
sous l'épaisseur de plusieurs paupières repliées. Elles
restaient demi-closes pour les banalités, s'ouvraient

pour les faits généraux et disparaissaient tout à fait pour les faits particuliers, laissant voir alors un œil magnifique, d'un bleu limpide qui lançait un éclair et se refermait aussitôt pour accompagner une attitude de bonhomie voulue.

Beaucoup de calme extérieur semblait cacher des fins d'orages perdues dans cette âme comme en d'insondables abimes.

Une impression de vaillance se dégageait de cet ensemble d'habits, de gestes et de mots. On avait devant soi un vieillard imposant, qui n'aurait pas eu besoin du Cid pour faire ses propres affaires; et sous la patte de velours on sentait encore la griffre du lion bien sûr de soi. Au demeurant, beaucoup de grâce dans des humilités très dignes.

Après avoir rendu hommage à la supériorité de ces très grandes personnalités d'artistes, de conquérants ou d'ambitieux de toutes sortes que nous montre l'histoire, on se prend aussi à penser à ce qu'était l'homme intérieur, et l'on ne peut s'empêcher de sourire en songeant à ce que pouvaient être leurs intimes oraisons.

Se sentir un Moi majuscule! Voir des femmes rivales s'aimer en ce Moi! Entendre des peuples écrasés crier : « Vivat! » sur votre passage! Recevoir des gens dépouillés, opprimés, anéantis par vous, et néanmoins guettant un sourire ou mâchant une flatterie!

Il y a eu de ces hommes-là, il y en a, il y en aura toujours ! Qu'il doit être curieux le *Pater* qui s'échappe de leurs lèvres pour s'envoler à Dieu !

> Notre Père qui êtes aux cieux,
> Et Moi sur la terre !
> Que votre nom soit sanctifié :
> Et le Mien acclamé !
> Que votre règne arrive !
> Et que le Mien s'impose !

Et puis ?...

Et puis, on arrive à cette conclusion, qu'après tout, les gens et les choses sont à ceux qui les prennent. Le tout est d'avoir la griffe assez forte et la dent assez longue !

...

Or, ce matin-là, nous avions rendez-vous avec Liszt. Nous allions écouter la parole; car si le pape était au Vatican, le Verbe avait son domicile au couvent de Santa Francesca; il s'était fait chair et il habitait parmi nous.

Partout on nous disait : « Ah ! vous êtes musiciens !... Avez-vous vu Liszt ?... Il faut aller voir Liszt ? » Et nous allions voir Liszt !

Il était debout dans la première pièce. Ameublement sommaire. Au mur, quelques chaises de paille ; au milieu, un immense piano à queue. C'était le fauve ! Le dompteur se promenait autour en mâchonnant un cigare.

Il faisait très chaud et les volets étaient clos. Ce demi-jour succédant à l'éblouissement du dehors enveloppait d'une lumière crépusculaire ce grand diable d'homme tout noir, au chef neigeux comme les cimes !

Involontaire ou cherché, l'effet avait quelque chose de théâtral. On se sentait tout petit ; on roulait son chapeau dans ses doigts avec des airs contrits. Tout cela était remarqué et provoquait un sourire qui redoublait de bienveillance. Puis la familiarité du dieu vous gagnait : « Il ne me dévorera pas, après tout », se disait-on ! Et peu à peu on s'ouvrait, on redevenait soi-même, toujours pénétré sans doute de son indignité, mais au fond gagné par la grâce !

Oh ! les beaux discours sur l'art !

C'est un sujet qui n'a jamais fait de mal à personne ; et l'art est si bon enfant que, non seulement il ne se préoccupe pas de ce que l'on dit de lui, mais qu'il a même fait la réputation de quelques-uns, n'ayant pu toute leur vie qu'en parler par ouï-dire !

Au bout de quelques aphorismes, notre hôte se dit, évidemment, qu'il ne pouvait laisser partir ces bonnes gens sans leur faire entendre Liszt, et il nous proposa obligeamment de nous faire juge de la *Symphonie dantesque* qui venait de paraître.

Je fus enchanté de la proposition, car je n'avais jamais entendu Liszt et mon admiration était toute de confiance !

Toujours avec son cigare aux lèvres, et cette main légendaire dont le geste familier était de distribuer des gifles dans le vide, le maître nous exposa d'abord le plan de son ouvrage, dans un petit préambule interrompu par nos remarques respectueuses qu'il approuvait par des : « oui, oui ! » rapides, prononcés : « *Mouai, Mouai !* »

Enfin il se mit au piano et nous joua toute la partition. J'étais assis à sa gauche et j'aidais mes camarades à tourner les pages.

Je n'ai jamais eu un plus grand étonnement en toute ma vie, et je ne crois pas me tromper beaucoup en affirmant qu'on ne sait pas ce qui peut sortir d'un piano quand on n'a pas entendu Liszt !

Un Iroquois assistant à une séance de prestidigitation, dans laquelle on ferait surgir des tomahawks d'un mouchoir de poche, ne serait pas plus Iroquois que je ne le fus ce matin-là.

Je ne pouvais plus quitter des yeux ce clavier ni ces mains d'où sortaient des sonorités d'orchestre, tantôt vaporeuses et légères, comme celles produites par des flûtes et des harpes, tantôt effroyablement tonitruantes comme les trompettes qu'on nous promet dans la vallée de Josaphat !

Et toujours ces gifles dans le vide ! Toujours ces « *Mouai, mouai !* » sortant du cigare mâchonné !... Et ces yeux effrayants !... C'était ... c'était bien la *Symphonie dantesque* enfin, où tous les diables de l'enfer et tous les anges du paradis roulaient en spirales, comme le jour où ils posèrent devant Michel-Ange peignant le *Jugement dernier* de la chapelle Sixtine !

Que serait cette partition jouée par un simple virtuose de première grandeur ? Que serait-elle à l'exécution de l'orchestre et des voix ? Que resterait-il enfin de toutes ces notes, maintenant que la magique interprétation de l'auteur n'est plus là pour leur communiquer sa propre flamme, et peut-être aussi pour leur donner leur véritable sens ?

Je l'ai lue depuis cette *Symphonie dantesque* et, d'abord, je n'y ai vu que beaucoup d'intentions incohérentes ou mêmes enfantines sous lesquelles se cachent, comme des lucioles, de véritables trouvailles. J'y ai reconnu plus tard, l'aurore d'un art... dont nous voyons aujourd'hui le crépuscule.

Ce n'est certes pas cela qu'il faut faire ; mais lorsque la formule sera trouvée, on regardera sûrement derrière soi, et certaines œuvres restées obscures s'éclaireront soudainement des lumières qu'elles auront elles-mêmes allumées.

Si ce jour arrive, il restera à Liszt l'honneur d'avoir, le premier peut-être, frayé un sentier dans cette roche où passera alors la grande route, et c'est une place qui n'est pas à dédaigner dans le panthéon musical ! A moins que, la route ne s'effondre sur elle-même, par la raideur de sa pente; autrement dit, que l'abus des habiletés vides, l'excès des prétentions sonores et autres vessies, ne nous ramènent, comme le pensait Gounod, aux lanternes naïves du *Devin du village !*

Je me rallierais plutôt à la première hypothèse : car, à moins de cataclysmes, l'esprit humain ne revient jamais sur ses pas ; et c'est au moment où il semble le plus égaré, qu'il retrouve le vrai chemin laissant voir le progrès accompli.

« Comment trouves-tu cela ? » me dit un camarade en sortant de chez Liszt ?

« Quel homme !
— Oui, mais la partition ?
— Quels doigts ! »

C'est ainsi que Liszt a toujours été jugé de son vivant ; et la postérité n'a pu encore rendre au maître compositeur ce que le génial virtuose lui demandait.

HORS LES MURS

ANCHE LEI !

Au printemps, le matin c'était la Basilique de Saint-Laurent-hors-les-Murs qui m'attirait surtout.

Après avoir gagné la porte Saint-Laurent par les chemins les plus divers, j'en traversais l'ombre fraîche avec un vrai plaisir; puis, après un petit kilomètre encore, j'allais me reposer dans la basilique, ou plutôt dans le cloître y attenant.

Ce cloître, comme tous les voyageurs, j'avais demandé à le visiter dès le premier jour, et le moine-custode — frère portier en robe brune — m'avait accompagné; puis, mes visites se faisant plus fréquentes, on avait fini par me considérer comme *persona grata*, absolument inoffensive, et pouvant errer seule à sa guise.

Ceci est exquis. Plus de remarques philosophiques, historiques, archéologiques, — ridicules, en somme; — plus rien enfin de cet insupportable *pathos* familier aux gardiens assermentés des monuments ou des musées de tous les pays.

Seul ! Seul enfin ! Au singulier, il est vrai ; mais, dans un couvent, surtout, il faut savoir se borner.

Le cloître de Saint-Laurent-hors-les-Murs se recommande beaucoup plus par son ancienneté — et aussi par sa fraîcheur — que par son architecture ! Je ne voudrais pas commettre un sacrilège ; mais je me demande si ce n'est pas un simple maçon qu'on doit rendre responsable de ces arcades lourdes et boiteuses, de ces piliers massifs et sans harmonie ; enfin de cet escalier de service, à rampe de fer, qui semble plutôt monter de la cave que descendre de l'église !

Quoi qu'il en soit, ce cloître plein d'ombre est hospitalier au voyageur pédestre. Les antiques tombeaux chrétiens, les cippes renversés, les chapiteaux de tous styles alignés le long des murs, lui offrent un choix de sièges, plutôt poudreux sans doute, mais commodes, après tout !

Et puis un charme intense passe dans l'air ambiant.

Le ciel, vu de cette ombre, paraît plus riant et plus clair encore. L'éloignement de la ville estompe tous les bruits. Du milieu de la cour intérieure, une petite vasque de marbre blanc lance au ciel un mince filet d'eau que le soleil arrête au sommet et transforme en diamants. A cette vasque, les oiseaux viennent boire avec de petits cris. Une heure tombée lentement du campanile... Le sifflet lointain d'une locomotive... La chanterelle surchauffée des cigales dans les champs d'alentour... C'est de tout cela qu'est fait le calme particulier à ce lieu paisible.

J'ai passé là bien des heures de méditation féconde que je revis comme si elles ne dataient que d'hier; car le temps ne peut rien sur quelques-uns de nos souvenirs de jeunesse !

Celui-là n'est certes pas parmi les plus profonds, ni encore moins parmi les plus chers ! Cependant tel qu'il est, peut-être vaut-il d'être conté.

Parfois, dans cette solitude, je voyais surgir d'une porte perdue un moine très vieux à qui dès le premier jour, j'aurais donné plus de quatre-vingts ans. Il ne les aurait peut-être pas acceptés; mais je les lui donnais tout de même sans marchander.

Il avait la tête absolument dénudée : c'était la calvitie radicale avec une peau rosée et luisante où les rayons du soleil irradiaient comme sur une boule d'acier. D'énormes, de gigantesques lunettes montées en fer-blanc, venaient s'abattre sur le nez comme la gueule de deux canons sur leur affût. La lèvre pendante marmottait inconsciente, des mots inintelligibles. La démarche était encore assez alerte dans son ensemble tremblotant, et la main armée d'un sécateur, venait menacer chaque rosier, puis retombait un moment pour recommencer la menace auprès d'un autre. Finalement, de roses en roses — tel un papillon et sans toucher à aucune — la réserve sied à cet âge — le vieillard venait s'asseoir sur la margelle de la petite vasque et, du bout de son sécateur, esquissait dans l'eau d'incompréhensibles hiéroglyphes.

La première fois que j'assistai à cette pantomime, mon étonnement fut grand ; mais, à la seconde, à la troisième répétition de cette scène invariable dans ses détails, j'étais tout à fait mûr pour une explication !

Questionner ? Qui ? Le custode ? Un subalterne banal qui m'aurait à ce sujet conté quelque histoire de sa façon comme celle — le premier jour — du bienheureux saint Laurent cuit entre deux voleurs !

Le hasard me servit.

Un jour, que le vieux moine était, comme à l'ordinaire, assis au bord de l'eau, vint à passer un Père que j'avais entrevu deux ou trois fois. Nous n'avions jamais échangé qu'un salut silencieux ; mais, ce jour-là, me surprenant assis sur un chapiteau, occupé à crayonner quelques notes de musique sur un petit album spécial, il s'arrêta surpris, et, souriant, laissa tomber ces deux seuls mots :

« *Anche lei ?* (Vous aussi.)

— Pourquoi, *aussi ?* » répondis-je.

Et il me montra l'octogénaire écrivant dans l'eau du bout de son sécateur.

« Je ne comprends pas !

— Vous ne connaissez donc pas l'histoire de frère Agostino ?

— Non, et je ne vous cache pas que je serais heureux de la connaître, car il m'intrigue fort. »

Or, cette histoire, le Père me la conta.

« Celui que vous voyez dans un complet état d'enfance était, lui aussi, un musicien. Il vient de dépasser sa cent deuxième année. C'était, il y a plus de cinquante ans, un maître de chapelle réputé à Naples, où il avait fondé une célèbre école de chant.

Vers la soixantaine, et veuf depuis longtemps, il perdit son dernier fils; peu après, de graves revers de fortune vinrent encore le frapper. Seul au monde, vieux, ruiné, las de tout, il vint ici recevoir les ordres mineurs. La maîtrise de la Basilique et le jardin de ce cloître occupèrent longtemps encore sa robuste vieillesse; puis avec les années, l'intelligence s'envola peu à peu jusqu'au point de le mettre en l'état où vous le voyez.

Il croit encore soigner nos fleurs et murmure incessamment quelque répons d'antienne ou quelque fragment de psaume; ce sont les seules paroles qu'il consente à prononcer. »

Et, souriant avec mélancolie, le Père s'éloigna.

En le voyant disparaître et, de nouveau seul avec cette ruine humaine, les deux premiers mots de l'entretien revinrent à mon oreille: « *Anche lei!* » Pardieu, ils avaient été dits au hasard, inspirés par la vue d'un papier à musique; mais voilà que tout à coup ils prenaient des aspects de vague prophétie; et c'est en tremblant, presque, que je m'approchai de frère Agostino afin de le mieux considérer.

« Salut, mon Père. »

Pas de réponse. Pas un mouvement. Toujours l'écriture dans l'eau ; et — sans doute une imagination — dans ces gestes inconscients, je croyais reconnaître le caractère graphique des croches, double-croches, etc., du langage musical.

Alors le désir impérieux d'entendre un mot de ce centenaire m'inspira l'idée de chanter tout doucement cette deuxième strophe du *Stabat* :

Cujus animam gementem.
Contristatam et dolentem.

Le vieillard releva la tête et, me regardant avec des yeux éteints derrière ses énormes lunettes, il acheva le verset d'une voix cassée mais très juste :

Pertransivit gladius.

Anche lei ! Anche lei ! En revenant à la villa, je pensais à Balthazar, aux trois mots flamboyants sur la muraille, à saint Paul, à sa chute de cheval, à Charles VI, à l'homme de la forêt du Mans, à tous les *avertis* célèbres enfin ; me demandant si je dois vivre cent ans, voir tomber autour de moi toutes mes affections avec toutes mes espérances, ne plus rien garder de la vie que l'écho affaibli d'une prière, pour, au bout d'un si long calvaire, écrire mes dernières notes sur le miroir tranquille d'une onde qui, fontaine, ruisseau, fleuve ou mer n'a jamais fidèlement gardé qu'une image : celle du ciel !

FONTANA

On parlait fréquemment d'actes de brigandage commis dans la campagne romaine, dans les montagnes qui l'entourent, aux portes de la ville, enfin, jusque dans la ville elle-même.

Aucun de nous, heureusement, ne fut victime de ces attentats; sauf un, toutefois, arrêté en plein midi du côté de Sainte-Marie-Majeure, et refoulé vers un mur avec cinq couteaux braqués sur le ventre.

On en voulait à sa montre; il la donna et tout s'arrangea pour le mieux; ayant déposé sa plainte les coupables furent pris, condamnés, et la montre revint trouver sa place accoutumée dans la poche de son propriétaire.

En beaucoup de cas les attaques ne dépassaient guère les limites de ce fait divers; c'était là le petit jeu; mais il y avait aussi le grand!

Celui-là était plus sérieux : on était pris comme otage et gardé jusqu'au versement d'une somme assez forte. Le doigté s'est conservé chez quelques peuples civilisés, et les journaux nous apportent couramment le détail de leurs prouesses en ce genre d'exploits!

Aussi, parmi toutes ces histoires de brigands, dénuées à l'ordinaire de tout intérêt psychologique, n'ai-je retenu que celle très particulière que voici :

Il y avait alors dans la montagne, du côté de Cervara, un bandit célèbre depuis plusieurs mois par des actes d'une audace inouïe! Il se nommait Fontana : vingt ans tout au plus; une beauté qu'on disait extraordinaire, et avec cela un courage indomptable joint à une force d'hercule.

Voilà bien des avantages pour un brigand, aurait dit Saint-Simon qui, se désolant de sa débilité, jalousait si drôlement les superbes laquais plantés comme des statues sur le grand escalier de Versailles!

Toujours est-il que Fontana tenait la campagne, conduisant une bande de vauriens comme lui, et que toutes les tentatives des carabiniers royaux ou pontificaux pour le prendre n'avaient abouti à rien.

Le sort des carabiniers semble être décidément de ne jamais arriver à temps!

A Tivoli, à Subiaco, à la Cervara, dans toute la montagne enfin, la terreur était à son comble.

C'est qu'aussi tout ce pays est une véritable terre de Chanaan pour un bandit sachant quelque peu son métier; ce ne sont que grottes, cavernes, carrières abandonnées, forêts dont le cœur, presque inaccessible, n'a peut-être pas été foulé par le pied d'un homme depuis deux ou trois siècles.

Quelques villages perdus dans ces solitudes s'accrochent au rocher comme des parasites. Une route à peine, parfois de simples sentiers, les relient entre eux; et la fillette qui trottine de l'un à l'autre, portant un fromage blanc à mère-grand ou revenant de quelque source souvent éloignée d'une demi-heure, a tout le temps de rencontrer le loup du petit *Chaperon-Rouge*.

Ce loup, c'était Fontana travesti.

Avec quelque babiole : fichu de soie, bracelet d'argent, collier de corail, il faisait jaser l'enfant. Celui-là avait vendu du bétail, un champ là-bas en plaine; cet autre avait recueilli quelque héritage. Il devait y avoir de l'argent à prendre là, un coup à faire ici.

Et comment ne pas répondre à ce monsieur si beau, qui s'y prenait si gentiment avec des manières si douces, et les mains pleines de si jolies choses?

Une tape amicale sur la joue aux plus petits, un baiser dérobé aux plus grandes, et le beau monsieur disparaissait, laissant l'enfant ébloui du présent!

Après les carabiniers des Variétés, n'était-ce pas là un vrai bandit de l'Opéra-Comique? Entrons maintenant à l'Ambigu!

Dans un de ces villages, habitait un homme aisé, Beppo Guerra. C'est par lui-même que cette aventure fut contée. Il y remplissait les triples fonctions de notaire, de pharmacien et de syndic (maire).

A la suite de différents marchés conclus à Rome et aux environs, Beppo Guerra avait commis l'imprudence de rapporter chez lui une assez forte somme d'argent, dix mille francs environ.

Fontana l'avait appris.

Un soir d'hiver, tout le monde dormant dans le village, Beppo Guerra achevait sa pipe dans la salle basse de l'habitation, entouré de sa vieille mère, de sa femme et de ses jeunes enfants. Tout à coup, et sans aucun bruit préalable, quelques coups de feu retentirent. Une balle, entrée par la fenêtre, alla se loger dans une des solives du plafond.

Ce fut un cri général de stupeur et d'effroi.

La porte s'ouvrit brutalement. Fontana entra, suivi de quelques autres, et brusquement les pistolets se braquèrent sur cette famille épouvantée :

« Il nous faut vingt mille francs, dit Fontana ; la maison est cernée ; pas de cris, pas d'histoires, fais vite, j'attends, je te donne cinq minutes. »

Toute résistance était inutile. Appeler des secours, c'était la mort immédiate d'un des petits ou de la vieille. Beppo Guerra le comprit tout de suite.

« Je n'ai pas cette somme, dit-il froidement.

— Donne ce que tu as, reprit Fontana, le reste, on l'apportera, nous t'emmenons ; il ne te sera fait aucun mal si les tiens ne nous font pas inquiéter. — Au dernier sou payé, tu seras libre. »

On fouilla la maison ; on ne put réunir qu'une douzaine de mille francs.

Beppo Guerra fut immédiatement garrotté et bâillonné, on lui banda les yeux, on allait l'entraîner...

Sa femme se jeta aux pieds de ces bandits :

« Agostino ! Agostino ! — c'était le prénom de Fontana, — ne fais pas cela ! Tu nous connais bien !... On te portera l'argent, laisse-nous Beppo.

— Non, impossible, va-t-en au diable ! »

La pauvre femme, brutalement repoussée, se pendait aux vêtements du bandit :

« Agostino rappelle-toi, je te faisais jouer quand tu étais petit !

— Au diable, te dis-je ; fais la somme, on te rendra ton mari. Dans quatre jours, jeudi, viens seule aux sources, nous règlerons le compte ! »

Et rapidement, en moins de temps qu'il ne faut pour le dire, Beppo fut entraîné et toute cette canaille disparut, laissant femmes et enfants atterrés.

Déposer une plainte, faire traquer les bandits, c'était une balle certaine dans la tête du prisonnier. Sa femme le savait, aussi quatre jours après, aux sources, apportait-elle tout ce qu'elle avait pu réunir, quatre mille ou cinq mille francs encore.

Elle arriva seule, — c'était la condition, — toute frémissante, les yeux rougis par les larmes et l'insomnie.

Tout était calme et solitaire autour d'elle.

Elle vit alors, au-dessus de sa tête, dévaler comme un oiseau au milieu des branches et des cailloux d'une roche à pic, Fontana avec l'air bon enfant d'un loustic qui vient de faire une bonne farce !

« Beppo se porte comme la coupole de Saint-

Pierre ; nous jouons aux cartes ensemble là-haut : on tâche de lui faire passer le temps. As-tu la somme ?

— Pas complète !... mais n'est-ce pas assez ?... »

Fontana fronça le sourcil et, continuant durement :

« Non ! j'ai dit vingt mille francs. Adieu !

— Attends, lui cria la pauvre femme, cherchant à le retenir, attends, je n'ai pas pu trouver plus. Mais je vais aller à Orbetello, chez des parents qui me donneront le reste. Après-demain je te l'apporterai.

— Soit, après-demain ici, et, tu sais, retiens ta langue. Tout cela traîne trop. »

Puis il disparut.

Le surlendemain, la même scène se passa. Cette fois, la femme de Guerra apportait le complément de la somme.

Fontana l'empocha prestement et reprenant son air bon enfant :

« Ce soir, Beppo rentrera chez lui. Adieu. »

Le bandit, revenu dans son repaire, fit immédiatement retirer les liens qui retenaient son prisonnier attaché à une énorme pierre ; puis jetant l'argent et les billets dans son chapeau, il dit rudement aux siens :

« Voici le restant, Beppo est libre. Tout à l'heure, vous lui banderez les yeux et vous le remettrez dans son chemin. Je casserais la tête moi-même à celui qui lui ferait le moindre mal ! »

Puis, renvoyant tout le monde, il resta seul avec Guerra.

« Écoute, j'ai toujours eu de l'amitié pour toi et pour les tiens. Si j'avais été seul je n'aurais jamais fait ce coup-là ! Mais j'ai avec moi deux ou trois mauvaises têtes ; ces gaillards-là savent que tu es aisé, ils ont appris que tu as touché récemment une grosse somme... et je n'ai pu reculer !... Tu ne connais pas ces gens-là ! Ils me tueraient comme un chien si je n'avais ma poigne !...

Cependant je ne fais pas toujours ce que je veux !... Enfin, quand le coup a été décidé, je me suis arrangé pour en rester maître. Ah ! quand j'ai vu ta femme, que je connais depuis si longtemps se traîner à mes pieds !... ça m'a rudement secoué le cœur, va ! Mais si j'avais cédé, nous étions assommés tous les deux sur place ; et ça n'aurait pas servi à grand' chose ! Pardonne-moi cela, et fais-moi un plaisir : sur ma part, je prélève 150 francs. Les voici. Achète à ta femme, à tes enfants, un bracelet d'argent et prie-les de l'accepter en souvenir de Fontana et de la peine qu'il a été forcé de leur faire. »

La stupéfaction de Beppo Guerra fut énorme, comme on le pense bien ! Car jamais, dans ses heures de captivité il n'avait songé à ce dénoûment, qui nous ramène au Gymnase !

Deux heures après, on lui ôtait son bandeau au tournant d'un sentier éloigné de sa maison de deux ou trois kilomètres ; ses guides disparaissaient et il avait enfin la liberté de rentrer chez lui comme au retour d'une promenade.

Peu de temps après, la bande fut en partie capturée et Fontana était tué raide dans une battue des carabiniers.

La terreur qu'il avait inspirée était telle dans la montagne, la légende qui commençait à s'attacher à son nom jouissait d'une telle créance, que l'autorité, soupçonnant avec raison que sa mort serait mise en doute par tout le monde, fit pendant trois jours promener son cadavre attaché sur un âne parmi les populations des principaux villages.

Beppo Guerra n'a pas dit s'il avait fidèlement rempli le vœu de Fontana en achetant pour cent cinquante francs de bijoux destinés aux siens ! Cela ne serait pas invraisemblable si l'on tient compte du milieu, de certaines superstitions et surtout de ces camaraderies, fréquentes là-bas, où les uns devenus syndics, notaires ou pharmaciens, n'ont cependant pas tout à fait chassé de leur cœur ceux qui se sont fait une jolie réputation dans le brigandage familial !

Il faut avoir le culte des morts après tout, et ne pas tricher avec leurs dernières volontés.

C'est égal, de toutes les façons, le legs Fontana a dû rester longtemps cher à cette famille et cher dans les deux sens du mot !

LE DRAME DE « PAPA GIULIO »

Ainsi parla, non pas Zoroastre, mais Massenet, le jour où, cheminant tous deux sur la route de Ponte Molle, nous étions entrés nous reposer un instant dans l'antique *osteria* de *Papa Giulio*[1].

« La patronne n'est pas chez elle? C'est fâcheux ! J'aurais voulu te faire voir cette héroïne d'une sombre tragédie qui s'est jouée ici même, il y a quelques années.

« Mais puisque la protagoniste est absente, je vais te conter le drame :

« Vers 1864, cette auberge était tenue par un homme marié à une très jeune et très jolie fille. Tous deux vivaient en paix, lorsqu'un beau gas, jeune, séduisant, vint habiter la maison voisine.

« Pouvant entrer ici à son aise, comme tous les passants, il se montra fort assidu ; la patronne et lui ne tardèrent pas à s'éprendre l'un pour l'autre d'une vive passion, et bientôt, le mari, leur apparaissant comme l'obstacle insupportable, ils résolurent de s'en débarrasser !

[1] Le pape Jules.

« Un matin, la belle annonça à tous les habitués de l'auberge, ainsi qu'aux voisins, que son mari avait disparu, était parti sans dire où il allait, qu'il ne tarderait sans doute pas à revenir, et que, en attendant, l'ami de la maison, très connu de tous, consentait à l'assister dans son travail quotidien.

« Cela parut bien un peu suspect à tout le monde; mais enfin l'on attendit le retour du mari et, riant sous cape, on accepta néanmoins l'extraordinaire raison donnée à son absence.

« Le mari ne reparaissant plus, le rire cessa et le doute grandit; on jasa, on raconta mille histoires singulières; si bien que la police fit une descente dans l'auberge, chercha, fureta, questionna; mais, ne trouvant rien, et aucun témoin ne pouvant apporter une accusation précise il lui fallut bien battre en retraite et accepter à son tour une situation qu'elle était impuissante à éclaircir.

« Le temps passa.

« Cette route poudreuse et triste de Ponte Molle, très fréquentée, et coupée au milieu de sa longueur par cette auberge, située à un kilomètre à peine de la Porte du Peuple, offre une halte aux voyageurs, avant d'entrer dans la ville; et, au va-et-vient incessant des gens qui s'y rencontrent, les gendarmes ne dédaignent pas de se mêler.

« Un jour, deux d'entre eux, attablés à l'ombre, comme nous-mêmes, en ce moment, remarquèrent le vieux chien de la maison qui, trouvant la porte ouverte sur le jardin, s'en alla dans un coin de celui-ci, grattant la terre avec ses pattes et poussant des gémissements étouffés.

« En une autre circonstance, les gendarmes n'eussent peut-être pas pris garde à ce manège ; mais les gens de la maison leur étaient tout de même restés suspects depuis leur démêlé avec la justice ; ils ne firent part de leur remarque à personne dans l'auberge, afin de ne pas éveiller l'attention ; mais ils revinrent quelques jours après et, après avoir caressé le chien, ils lui ouvrirent la porte du jardin. L'animal n'hésita pas ; il se dirigea tout droit vers le coin déjà observé et recommença à gratter la terre en se plaignant doucement.

« Cette fois, les gendarmes n'hésitèrent pas non plus et sortant de l'auberge sans souffler mot, ils allèrent conter à leurs chefs ce qu'ils avaient vu.

« La police recommença l'enquête et, apparaissant brusquement, fit fouiller la terre à l'endroit désigné.

« L'on ne tarda pas à découvrir, enfin, à quelques centimètres de profondeur, la dépouille mortelle du mari disparu.

« La femme et l'amant furent arrêtés sur-le-champ. Le procès ne parvint pas à relever de preuves contre la première qui fut laissée en liberté ; mais l'homme fut condamné à quinze ans de travaux forcés.

« Il subit sa peine en ce moment au bagne d'Orbetello, à une trentaine de lieues de Rome, dans les maremmes toscanes.

« Or à chaque quinzaine, le dimanche, et depuis plusieurs années, par le premier train du matin, la patronne de l'auberge, munie d'un panier rempli de provisions, fait le voyage pour aller déjeuner avec le condamné; car, dans les bagnes italiens, à côté de sévérités cruelles, se rencontrent parfois, de très curieuses indulgences. La tolérance dont jouit cette femme, en est un exemple. »

. . . .

Massenet ayant quitté Rome peu après cet entretien, j'eus la curiosité de connaitre en personne l'hôtesse de *Papa Giulio* et j'y allais déjeuner un matin.

La femme était vraiment fort belle; et, pendant qu'elle me servait je ne pouvais m'empêcher de reconstituer par le détail tout le drame qui, s'était déroulé quelques années auparavant; drame un peu banal, dans la campagne romaine, où le couteau intervient vite pour une carte abattue, un coup de dés douteux, ou encore comme le *Deus ex machina*, au milieu des querelles d'amour les plus futiles. Il supprime l'*obstacle*, souvent au nez de la justice, elle-même douée, sur ce sujet, d'une particulière philosophie !

Eh bien, avec d'autres projets — quels charmants compagnons dans la vie ! — j'ai toujours celui de retourner vivre quelques semaines à Rome. Si j'y parviens, un jour ou l'autre, je ne manquerai certainement pas de faire mon pèlerinage à *l'osteria* de

Papa Giulio, quand ce ne serait que pour revivre par le souvenir, quelques heures du bon temps de la jeunesse !

Et puis, je voudrais savoir si les deux amants tragiques de jadis sont encore de ce monde ! Si oui, il n'est pas invraisemblable de les retrouver où ces souvenirs les ont laissés ; car le paysan de là-bas, ainsi que celui de chez nous, est un peu comme le lierre qui meurt volontiers où il s'attache.

Je reconnaîtrai sûrement la femme ; et, la sombre aventure d'autrefois m'étant connue, il me semblera curieux de savoir ce que le temps a fait de ces deux complices !

Peut-être, l'amour éteint, a-t-il mis aujourd'hui, entre ces deux têtes grises, le spectre sans cesse grandissant de la victime !

Mais, Mme Macbeth, après tout, n'était qu'une femme du Nord, ayant sur l'art de tuer son mari, des idées peut-être un peu démodées que lui disputait la mère d'Hamlet !

Les femmes du Midi sont peut-être aussi beaucoup plus pratiques ; et, là où je m'imagine trouver deux êtres accablés de remords, il se peut que je sois en présence de deux bonnes gens pleins de sollicitude l'un pour l'autre, soignant leurs rhumatismes, heureux de vivre tout de même, en élevant leurs petits enfants dans la crainte de Dieu, le mépris des voyageurs, le respect du gendarme et..... la haine du chien !

Chi lo sa?

TIVOLI

Ce matin-là, je quittais Rome dès l'aube pour aller à Tibur!...

Ainsi parlait Horace!

D'ailleurs, c'est lui que j'allais voir.

Quand je dis que c'est *lui*, j'exagère un peu ; on sait que depuis dix-neuf siècles et un appoint il est empêché de recevoir ses amis ; mais quelques pierres, dont l'authenticité est d'ailleurs fort contestée, font semblant de préciser l'endroit où s'élevait sa maison ; et, en attendant que les savants se soient mis d'accord sur ce point, ce sont ces pierres que j'allais voir.

C'était un charmant matin de mai, comme on dit au commencement des histoires roses ; le ciel était pur, la cigale chantait, l'air était embaumé de toute la floraison printanière ; et, l'esprit meublé de récentes lectures, ma visite à l'ami Horace s'annonçait riche d'impressions fécondes.

Quatre bonnes heures de patache nous avaient amenés au pied de la longue pente qui mène de la campagne romaine à Tivoli, et, peu après, nos malheureux chevaux, harassés de chaleur et de fatigue, nous déposaient à l'entrée du village.

C'était une *Infiorata*, c'est-à-dire une fête des fleurs comme notre bois de Boulogne n'en connaît pas et comme nos « belles madames » ne sauraient en concevoir.

Qu'on se figure une place longue de cent à cent cinquante mètres, large de quinze à vingt ; sur le sol ont été dessinées à la pointe, des figures, des arabesques de la plus naïve fantaisie ; puis, patiemment, par les femmes et les enfants, chaque creux comme chaque relief a été rempli ou recouvert de pétales multicolores où toutes les nuances de l'innombrable famille des roses s'harmonisent, en s'appuyant sur le bleu foncé des bluets, le jaune roux des giroflées et le rouge vif des coquelicots. C'est comme un immense tapis de fleurs où nul n'a garde de poser le pied, sans qu'il soit besoin d'agents pour l'interdire ou de cordes tendues pour arrêter les distraits, car c'est par là que tout à l'heure doit passer la procession !

Au bout de cette place, un grand reposoir, comme on en pouvait voir jadis en nos campagnes le jour de la Fête-Dieu. Un autel élevé de trois marches et surmonté d'une niche dorée avec une grande croix derrière ; de chaque côté, trois cierges élevés dans des chandeliers d'un mètre et demi. Un tapis au bas, une fine dentelle sur l'autel où se montre aussi la porte fermée du tabernacle.

Cet appareil religieux me fit hésiter. Irais-je voir

Horace? Resterais-je pour la cérémonie? Je ne sais
à quoi j'allais m'arrêter, lorsque la demie de neuf
heures sonna à l'église assez voisine de la place.

La foule très compacte, qui se tenait sur les côtés,
laissant le milieu — l'*Infiorata* — immaculé, se pros-
terna; les femmes jetant en hâte un fichu ou quelque
étoffe sur leur chevelure, les hommes se découvrant;
puis, se rapprochant peu à peu, commencèrent des
chants liturgiques.

Les foules italiennes n'ont rien de commun avec
les nôtres. Chacun peut y circuler tranquillement et
se rendre d'un point à un autre sans risque de bous-
culades ou d'injures, pourvu que le geste soit lent et
la langue polie.

Muni de ces deux passe-partout, je pus gagner facilement le voisinage immédiat de l'autel et j'attendis.

Très peu. — Du coin d'une rue je vis déboucher
la tête de la procession qui s'engagea lentement sur
l'espace laissé libre, foulant aux pieds nus de ses
moines les fleurs si laborieusement étalées au cours
de toute la nuit précédente.

C'étaient d'abord des religieux en robe de bure,
corde aux reins et le crâne cerclé d'une étroite couronne de cheveux, dernière épave d'une radicale ton-
sure; puis, d'autres moines parurent, blancs, gris,
tous portant une bannière ou un cierge allumé; puis
encore les membres d'une bizarre confrérie aux robes
de calicot blanc avec cagoules amarantes, rabattues
sur le visage et percées de deux trous pour les yeux;

enfin, sous un dais soutenu par quatre diacres parut le prêtre portant le Saint-Sacrement.

Au milieu des psalmodies, alternées et répétées par l'assistance, la procession arriva près de l'autel et s'y groupa; le prêtre en gravit les marches, bénit le peuple, plaça l'ostensoir dans la niche dorée et, après avoir dépouillé la chape et revêtu la chasuble, commença sa messe en plein air au milieu du recueillement général.

Tout à coup, vers la fin de la messe, en face de moi, un mouvement se fit dans la foule; des cris affreux se firent entendre; et, surgissant au-dessus des gens agenouillés, une femme effrayante apparut, les cheveux en désordre, la poitrine nue, les yeux sortis de leur orbite, sale, immonde et tenant dans ses bras le corps inanimé d'un petit enfant qu'en dépit de tous les efforts elle vint déposer sur l'autel, se laissant ensuite tomber aux pieds du prêtre effaré, en criant et en suppliant dans un dialecte que je ne pus comprendre.

Mais la pantomime suffisait à l'éloquence de cette douleur; et, sans qu'il fût besoin de mots, il était évident que cette infortunée venait demander à Dieu la santé pour son jeune enfant qu'elle sentait perdu!

Le prêtre, se ressaisissant lui-même, parvint à l'apaiser un moment; puis, après une courte oraison, il se pencha sur le corps de l'enfant, l'examina, le toucha; mais, brusquement, il fit un bond en arrière et fixant ses yeux ardents sur la mère angoissée qui, au paroxysme d'une formidable attaque de nerfs, attendait pantelante, il laissa tomber ce seul mot :

« *Morto !* »

Un rugissement répondit et la femme tomba raide.

On l'emporta ainsi que le petit cadavre ; et le tumulte inouï provoqué par cette scène terrifiante mit fin à la cérémonie.

J'avais eu l'occasion d'échanger quelques mots avec un paysan de la Sabine qui se trouvait près de moi et qui, impassible, avait suivi toutes les péripéties du drame. C'était un homme au regard doux et intelligent ; et comme je lui faisais part de mon émotion, il me répondit, hochant mélancoliquement la tête :

« *Cosi fan tutte !* » (Elles font toutes ainsi.)

Ces trois mots sortis de la bouche de ce paysan qui, sûrement, ne savait pas un mot du charmant opéra-comique de Mozart, qui en ignorait même jusqu'au nom, sans doute, me déconcertèrent si bien sur le moment que je ne pus m'empêcher de réclamer une explication.

J'appris alors qu'à chaque *Infiorata* il en était ainsi ; que des femmes de la montagne ayant un enfant malade se mettaient en route la veille au soir, parfois, et soit à pied, soit assises sur un âne, faisaient des étapes de quinze à vingt heures avec le pauvre petit dans leurs bras. Rien qu'un tel voyage suffisait à l'achever et rendait plus impossible encore le miracle que ces femmes venaient demander à Dieu comme au temps de la veuve de Naïm !

Hélas !...

. . . .

Ouf !

Fort ému je quittai cette place pour aller faire un tour dans la montagne et vins ensuite déjeuner à la classique auberge de la *Sibilla* où tous ceux qui sont allés à Tivoli n'ont pas manqué de faire leur pèlerinage, écoutant la chute de l'Anio qui du haut de cette montagne saute brusquement de plus de cent mètres pour apporter ses eaux à la campagne romaine.

Mon voyage était manqué.

J'étais venu pour communier quelques heures avec un des esprits les plus exquis de l'antiquité, et voilà que sur ma route la camarde venait de surgir avec son cortège de larmes et de désespoirs.

Horace eut tort ce jour-là ! Ce ne fut que plus tard que je lui rendis mes devoirs; mais je ne songe jamais à Tivoli sans un serrement de cœur.

Le ciel pur de cette matinée, les frondaisons embaumées, la joie des yeux apportée par des milliers de fleurs, toute la philosophie souriante d'Horace enfin, disparaissant devant le sentiment de cette effroyable tempête qui gronde au cœur des mères trahies dans leur foi, et qui, à l'heure terrible des luttes suprêmes, sont rejetées dans la vie, *seules*; puisque, pour l'enfant, la mort a gardé le dernier mot !

PORTO D'ANZIO

Cette année-là juillet fut torride.

Le divin archer avait fait si bonne mesure à la Ville Éternelle que presque tous nos camarades s'étaient enfuis les uns vers la mer, les autres vers les montagnes ; si bien qu'à la villa Médicis nous n'étions plus que trois ou quatre habitants, dont notre cher et vénéré directeur, le peintre Hébert.

Nous nous réunissions chez lui, le soir, dans le grand salon de l'Académie ; et, toutes lumières éteintes pour conjurer l'invasion des moustiques, nous devisions de tout un peu, mais d'abord de la température exceptionnelle, dont nous commencions vraiment à souffrir.

Hébert, familier dès sa jeunesse avec le climat de Rome, très résistant, cuit et recuit, pour ainsi dire adorant la chaleur même amenée à ce point, convenait, toutefois, que le thermomètre commençait à divaguer !

L'un de nous parla de baignades, de fraîcheurs, de

retraites ombreuses, de brises marines et autres objets de luxe radicalement en désaccord avec la fournaise qu'était devenue l'Académie !

On se dit, qu'après tout, les travaux commencés qui nous retenaient à Rome, pouvaient aussi bien être continués ailleurs, et, spontanément, on décida de partir le surlendemain matin, dès l'aube, pour Porto d'Anzio.

A l'heure dite, chacun emportant, qui des toiles ou des panneaux, qui du papier et des crayons, qui des pages à orchestrer, on se réunit au chemin de fer, et, après une petite heure de route, on débarqua dans une station d'où une patache devait conduire en trois heures à Porto d'Anzio.

On y arriva vers onze heures. Il était temps, car le soleil commençait à chauffer effroyablement !

Deux de nos camarades s'en allèrent, néanmoins, à la découverte d'un logement et revinrent nous rejoindre, vers midi, à l'auberge, où, tous, nous étions provisoirement descendus.

Ils avaient trouvé quelque chose pour eux; puis, pour Hébert et moi, deux chambres assez sortables chez un habitant.

Après le déjeuner, qui fut très gai, comme l'on pense, chacun de nous se retira chez soi, avec rendez-vous pour le soir et le dîner commun.

Hébert s'installa ; je m'installai ; nous nous installâmes.

Vers cinq heures et demie, je sortis pour aller voir

le pays dont, à midi, je n'avais eu qu'une aveuglante vision sous une température sénégalienne.

Porto d'Anzio — l'antique *Antium* des Latins — est assez pittoresquement situé sur un petit promontoire qui forme la rue principale du village. Lorsqu'on s'y engage, à droite on a les maisons, à gauche la mer qui vient battre les murs du quai où s'attachent quelques navires caboteurs.

De ce côté, la vue s'étend sur une baie de sable fin et de pente très douce où le cristal de l'eau rend le bain particulièrement exquis ; à deux ou trois kilomètres le fortin de Nettuno apporte la note jaune de ses pierres calcinées par le soleil ; puis, au delà, le vert maquis, l'entrée des marais Pontins et, pour clore la baie, la tour d'Astura se profilant en blanc sur l'azur du ciel et de la mer.

Au bout de ce quai, un bagne ; à droite, en s'engageant sur le môle, des substructions de villas antiques, toutes pleines d'histoire et où vécurent les plus hautes figures du monde latin, à commencer par Cicéron.

Revenu sur mes pas, je me retrouvai sur la place assez vaste de ce village de douze à quinze cents habitants à l'ordinaire, et qui en reçoit dix fois autant de juillet à septembre : car c'est là que beaucoup de Romains se rendent encore aux bains de mer, assimilant ainsi Porto d'Anzio à une manière de Trouville, avec le Casino en moins et le calme en plus, par conséquent.

Or, au milieu de cette place, toute de sable poussiéreux, où nul paveur n'apporta la civilisation, se dresse une fontaine jetant un filet d'eau à ses quatre angles et surmontée d'un petit obélisque.

Pendant la saison des bains, la municipalité, voulant gâter les visiteurs, faisait arroser cette place, le matin et le soir par des forçats.

Et je vis ceci :

Deux de ces malheureux, vêtus d'une toile assez sale — chaîne à la ceinture reliée à la cheville par un anneau de fer — traînaient une sorte de voiture sur laquelle était fixé un tonneau énorme qu'ils venaient remplir de temps à autre à la fontaine centrale. Partant de là, ils décrivaient des cercles de plus en plus grands jusqu'à ce que la place fût entièrement inondée.

Derrière ce tonneau était ajusté un gros tuyau de cuir terminé par une forte pomme d'arrosoir qu'au moyen d'une ficelle balançait de gauche à droite un troisième forçat, dont cette naïve pantomime arrosait les pieds d'abord et le sol ensuite !

Dans l'ombre de la fontaine somnolait, accroupi, un garde chiourme, armé d'un sabre, avec un gros revolver à la ceinture, plus un mousqueton entre les jambes.

Ce spectacle était à la fois grotesque et tragique.

La besogne tirant à sa fin, le soldat se leva et fit un signe. Les forçats allèrent remiser leur véhicule sous un hangar voisin, puis, deux en tête, un derrière et le soldat fermant la marche, les quatre hommes reprirent le chemin du bagne et s'engagèrent sur le quai.

Je les suivis.

Au milieu du chemin, ces misérables, harassés de chaleur et de fatigue, se consultèrent un moment, puis entrèrent dans un petit débit de boissons, tandis que le soldat les attendait à la porte.

Ceci m'intrigua.

Quelques minutes après, les trois hommes reparurent et, toujours suivis du soldat, reprirent le chemin du bagne, puis disparurent derrière sa lourde grille.

L'un de ces hommes m'avait frappé; à ses deux compagnons de misère, au soldat lui-même, il semblait parler avec une sorte d'autorité.

J'entrai dans le débit et fis jaser le patron, qui, d'ailleurs, ne semblait pas demander mieux.

J'appris que l'homme remarqué n'était pas un vulgaire malfaiteur. C'était un avocat de Milan de famille honorable et aisée. Dans un accès de colère et de jalousie, il avait tué sa maîtresse. Cinq ans de bagne lui avaient alors appris qu'au pays d'Othello les mœurs étaient changées !

Il subissait donc sa peine à Porto d'Anzio; mais, disposant de quelque argent, en beaucoup de circonstances, il parvenait à adoucir sa misère. C'est ainsi que, très considéré de ses co-détenus et de ses gardiens, il s'arrogeait quelques petits privilèges dont le plus drôle était d'inviter son surveillant lui-même lorsqu'il en était satisfait, ou de le laisser attendre à la porte du débit lorsqu'il avait eu à s'en plaindre.

Je conclus donc de ceci, que le jour où ce membre du barreau de Milan arrosait la place de Porto d'Anzio pour la plus grande satisfaction des baigneurs, le soldat de garde avait dû se montrer plus sévère que de raison, et qu'en vertu des habitudes professionnelles, au nom du droit — et surtout du droit *canon* — le prisonnier avait, sans appel, condamné son propre gardien à... n'*en* pas boire !

SAC AU DOS

LE MONT CASSIN

J'avais passé tout l'été précédent à Naples et n'avais, plus grand'chose à y découvrir ; aussi, cette fois m'étais-je fait un itinéraire qui, prenant Naples pour centre, me permettait de rayonner sur plusieurs points que j'avais brûlés jusqu'alors.

Le mont Cassin était de ceux-là.

Sachant qu'on y accordait l'hospitalité aux voyageurs, depuis longtemps j'étais poursuivi par l'idée d'aller sonner à la porte du vieux monastère.

Donc, vers sept heures, content de partir, heureux de vivre, je montais en chemin de fer, en route pour le mont Cassin.

*
* *

La campagne de Rome défila bientôt ; mais c'était une vieille connaissance ! Je l'avais arpentée tant de fois à pied, en *voiturin*, en chemin de fer, en diligence, que je me contentai de lui dire un petit « bonjour », suivi d'un sincère « au revoir », du côté d'Albano, et c'est avec une vive curiosité que je me plongeai dans les livres qui parlent de saint Benoît et des habitudes de son abbaye.

Vers midi, je descendais à San-Germano, petite ville bâtie au pied même de la montagne sur laquelle est construit le monastère.

La tête toute pleine de faits et de renseignements, mais l'estomac bien vide, mon premier soin fut de chercher une *osteria* de respectable apparence ! Sac au dos, un solide gourdin de voyage à la main, je m'acheminai vers la ville, bâtie à une petite distance de la station.

Pas un pouce d'ombre sur ce kilomètre de poussière blanche ; mais après une brouille d'une année avec le soleil, qui avait failli me tuer, deux ans auparavant, à Venise, nous nous étions réconciliés ; et, constatant une fois de plus que toute froideur avait cessé entre nous, je supportai la rigueur de cette route sans murmurer.

Arrivé à San-Germano, je ne fus pas longtemps à trouver mon affaire : dix pas dans la rue principale et j'étais pris au nez par une odeur irrésistible. Concentrant toute mon attention, et suivant la piste avec le flair qu'on a dans ces moments-là, je m'arrêtai devant la porte d'une *trattoria* d'apparence... plutôt sale, mais qui, sur le moment, me parut aussi remarquable que le Baptistère de Florence lui-même !

Je soulevai le filet bleu qu'on laisse tomber devant les portes, là-bas, pour conjurer l'invasion des mouches (vieil usage de plus de deux mille ans, dont personne ne veut avouer l'inefficacité), et, m'installant dans une salle du rez-de-chaussée, je me fis servir à déjeuner.

En route, à l'heure brûlante de midi et à jeun, qu'y a-t-il de comparable à l'ombre fraîche d'une salle bien close, au parfum d'une *frittata*, arrivant à propos, et à la gentillesse d'une petite bouteille de vin blanc de pays, toute grise dans sa robe de buée, et sortie fraîche de la cave, comme pour vous souhaiter le bonjour ?

. . . .

Peu à peu, les yeux s'habituaient à l'obscurité bienfaisante de cette salle, et l'on pouvait contempler à loisir les grâces du papier qui en recouvrait les murs. Il reproduisait, un nombre considérable de fois, un épisode de la vie du général Garibaldi. Ce papier est une vieille connaissance pour les voyageurs : il est le même partout ; seulement, en Suisse, Garibaldi est remplacé tantôt par Mazeppa, tantôt par Guillaume Tell, ou, comme en France, souvent, par l'infortunée Geneviève de Brabant !

N'est-ce pas bien naturel ?

Une heure sonna.

Songer à commencer l'ascension du mont Cassin à pareille heure, eût été une véritable folie. Le soleil s'en donnait à cœur joie au dehors et là-bas, dans la montagne, surchauffait jusqu'à l'exaspération la chanterelle des cigales.

Dans la ville, le silence n'était troublé que par le gentil glouglou d'une petite fontaine coulant de l'autre côté de la rue et perdue dans le grand morceau d'ombre crue que faisait une maison tout ensoleillée.

J'entr'ouvris le volet. Pas une âme dans cette longue rue aux maisons closes.

Ce fut comme une vision rapide de lumière et, refermant vite, je me retrouvai avec un vrai plaisir dans l'ombre de la salle. Les gens faisaient la sieste; et, comme en voyage il est bon de prendre les habitudes du pays que l'on traverse, tout San-Germano dormant, je pris le parti de faire comme tout San-Germano.

Je m'installai donc sur un mauvais canapé de paille, et d'un vieux numéro de l'*Opinione* m'étant fait une moustiquaire, j'essayai de dormir.

. . . .

On eût entendu voler une mouche; comme il y en avait bien cinq cents dans cette salle, le bruit de ce petit monde ailé faisait dans l'air comme une basse continue dont le ronron était irrésistible. Aussi, au bout de cinq minutes étais-je parti, et même tout à fait arrivé, au pays des rêves !

. . . .

La tête toute pleine encore d'une partition achevée la veille, j'en fis un charmant. J'étais à Paris dans mon petit appartement de garçon ; on sonnait à la porte; j'allais ouvrir. C'était Pasdeloup qui venait me demander l'*autorisation* de jouer ma musique aux Concerts Populaires ! Derrière lui, des chefs d'orchestre de toutes les grandeurs ; à leur suite quelque chose qui ressemblait au directeur de l'Opéra-Comique et, tout à fait dans l'ombre de l'escalier, une forme vague qui pouvait bien être celle du directeur de l'Opéra.

Je me disposais à faire asseoir ces messieurs, lorsque je fus éveillé par un bruit de bottes accompagné d'un autre bruit de ferraille.

D'un revers de main, je mis l'*Opinione* à mes pieds et, m'accoudant, je prêtai l'oreille. Le bruit approchait régulièrement et s'arrêta tout près de la fenêtre. Je courus voir.

C'étaient deux carabiniers royaux, conduisant un prisonnier enchaîné. Les trois hommes paraissaient harassés de chaleur et de fatigue ; arrêtés près de la fontaine, les deux soldats buvaient avidement et le prisonnier, dont les mouvements étaient paralysés par les menottes et de grosses cordes passées sur ses bras, les regardait avec une expression bestiale.

C'était un homme d'une cinquantaine d'années, vêtu comme les paysans de la Campagne Romaine ou de la Sabine : un foulard noué derrière la tête sous un vieux chapeau pointu; aux jambes, une peau formant semelle sous le pied et retenue par des ficelles; une culotte courte en drap de couleur indéfinissable! une chemise entr'ouverte sur une poitrine velue et, sur l'épaule, une veste portée avec un dernier reste de crânerie. Tout cela repoussant de saleté, en loques, sordide, et cependant formant dans ce cadre une tache qui eût enchanté un peintre.

Je regardais cet homme, affreux avec son regard louche et sa barbe grisonnante non rasée depuis plusieurs jours, lorsqu'une vieille horrible, sortant tout à coup de la maison voisine, puisa de l'eau dans une écuelle de bois et le fit boire, l'invectivant de la plus véhémente manière en un dialecte dont je ne pus malheureusement comprendre le sens ; mais la contradiction qui résultait de cet acte charitable accompli au milieu de ce torrent d'injures, avait quelque chose d'insolite qui eût presque amené le rire, si l'on n'eût songé que derrière tout cela se cachait peut-être quelque sombre drame.

« *Andiamo!* » fit rudement l'un des deux soldats, coupant court à cette exubérance de la vieille qui avait déjà pour effet de faire sortir les gens de chez eux. Le cortège se remit lentement en marche poursuivi de loin par les imprécations de cette furie, et disparut bientôt au détour d'une rue.

Cette scène me rappela que San-Germano est le cœur même de ce pays charmant où fleurit longtemps le brigandage, cher aux dramaturges et aux librettistes d'opéras-comiques.

C'est là que le vrai Fra Diavolo, jadis, s'est rendu fameux bien avant qu'Auber l'eût enchâssé dans un chef-d'œuvre !

.˙.

Le soleil qui a fort à faire, comme on sait, ne s'était pas attardé à la contemplation des bons gendarmes et du mauvais larron ; il commençait à descendre du côté de Rome et je ne voulais pas me priver complètement de sa compagnie pour faire l'ascension de la montagne.

J'appelai la *padrona* et voulus régler ma dépense avec quelques pièces de monnaie italienne que je me vis impitoyablement refuser, tant était grande alors l'habitude des petits billets variant de cent francs à vingt-cinq centimes.

« On ne paie pas avec ceci.

— Comment! voyez de ce côté la valeur écrite de la pièce, et de cet autre le portrait du roi Victor-Emmanuel.

— Oui, ceci est bien le portrait du roi ; mais on ne paie pas avec des *médailles*! »

Impossible d'en sortir; je dus reprendre mes pièces et payer en billets.

Être exposé à mourir de faim dans un pays, parce que l'on ne possède que de la monnaie d'argent, est une extrémité dure, et je pense que les bonnes gens de San-Germano ont acquis, depuis lors, des idées plus nettes sur la numismatique !

.˙.

Après avoir quitté la ville, on traverse un joli bois d'oliviers planté sur les dernières pentes de la montagne.

L'ombre fine et légère de ces arbres, la forme bizarre de leur tronc entr'ouvert, qui semble attendre le retour de quelque divinité sylvestre, tout évoque le souvenir du monde païen, de ses dieux, de ses temples dans ce cadre qui n'a pas changé, sur ce mont même où saint Benoît plantait son église dans les ruines d'un temple d'Apollon, comme l'arbre de l'esprit nouveau dans le sol consacré des vieilles croyances.

Peu après, on sort de ce bois pour s'engager sur le chemin de mulet qui monte en lacet jusque sur le sommet de la montagne. Ici, plus de végétation. Des pierres, des pierres, et encore des pierres. De loin en loin, une chapelle taillée dans le roc comme le reposoir d'un long calvaire.

On monte.

De petits cailloux roulent sous les pieds et rebondissent derrière vous avec un bruit sec. Chaque pas fait détaler de jolis lézards qui semblent pulluler sur ce rocher brûlant. La vue s'étend; l'air s'épure; le panorama, limité cependant par le voisinage rapproché de l'Apennin qui forme un cirque énorme, change à chaque détour de la route. Voici San-Germano, déjà tout petit, là-bas, au fond. Une heure quelconque sonne à son église et monte jusqu'à vous, emportée par une brise de l'est. A ce détour, les murs du monastère semblent tout près, là, au-dessus de la tête, et cependant il faut encore une heure pour y atteindre. Voici des Anglais qui descendent sur des ânes ; les femmes ne sont pas contentes : on n'a pas voulu les laisser entrer. Plus de bruit. Ce silence particulier aux hauteurs. Un aigle passe tout près. Le roc cesse et fait place à quelques prairies. Un brusque détour du chemin découvre un mur à gauche; on le suit. Une grande porte de forteresse. C'est le mont Cassin.

En me promenant, deux heures m'avaient suffi pour y arriver.

.•.

Il était plus de cinq heures.

Je sonnai ; la porte s'ouvrit, et je me trouvai dans une sorte de grotte sombre, en forme de galerie, dont la fraîcheur me parut délicieuse.

On dit que c'est là qu'habitait saint Benoît lorsqu'il vint prêcher le christianisme en ce pays vers le vi^e siècle. Par quelle série d'événements ce lieu, qui semblerait devoir être le sanctuaire même du couvent, en est-il devenu l'entrée et l'habitation du concierge ? Je ne sais. Cependant en entrant là, en entendant la lourde porte se refermer derrière soi, on se sent pris d'une émotion pleine de charme et de grandeur.

Le portier m'attendait, debout sur le seuil de son

habitation C'était un homme roux, vêtu d'une soutane noire et parlant l'italien avec un fort accent tudesque.

« Que demandez-vous ?
— L'hospitalité.
— Quelle est votre nationalité ?
— Français. »

Aussitôt il dépêcha un jeune serviteur, également vêtu d'une soutane noire, et me dit d'attendre.

Pendant ce temps, il m'expliqua qu'en pareil cas, il est d'usage de faire prévenir un Père bénédictin de la nationalité du voyageur, et que j'allais pouvoir m'entretenir avec un de mes compatriotes.

Cela me causa une vive joie.

Les Parisiens sédentaires ne peuvent s'imaginer ce qu'est, par exemple, la vue du drapeau après une absence de deux ou trois ans ! Je me rappelle avec quelle profonde émotion je vis un jour, dans le port de Portici, un brick de Narbonne qui portait à l'arrière son pavillon de France déployé par le vent. Ce petit bout d'étoffe vous parle si bien de ce coin de terre où ils sont tous, ceux-là qu'on aime, que le meilleur accueil de l'étranger ne vous fait pas oublier et qu'en somme on n'est jamais bien certain de revoir !

Aussi la rencontre d'un compatriote, avec qui l'on va pouvoir causer dans sa langue, est-elle une vraie bonne fortune pour le voyageur, et ce n'est pas sans une certaine impatience que j'attendais le retour du jeune messager.

Il revint bientôt et me servit de guide.

Au détour de la grotte d'entrée, je me trouvai dans une vaste cour entourée de portiques, dont la superficie est occupée par un immense escalier aboutissant à un plateau (extrême sommet de la montagne) sur lequel se dresse la basilique.

Cette richissime décoration, ces beaux profils d'architecture s'enlevant sur un ciel d'une incomparable pureté, ces marbres polychromes, ces statues, font de cette arrivée comme un coup de théâtre pour les yeux ; l'esprit y reçoit une profonde impression de silence, de recueillement, de calme et d'apaisement.

Au milieu de l'escalier, interrompu de loin en loin par de larges paliers, m'attendait un Père bénédictin.

C'était un homme de quarante ans environ, d'une taille moyenne, blond roux, le teint un peu coloré et le visage souriant ; il m'accueillit avec beaucoup de courtoisie, ravi, disait-il, comme je l'étais moi-même, de se retrouver avec un compatriote.

Après les premiers compliments, il me demanda qui j'étais. Je lui remis ma carte de pensionnaire de Rome ce qui me valut de sa part un redoublement de courtoisie. Il me prit le bras et me conduisit au haut de l'escalier où il me fit asseoir dans un petit jardin en terrasse qui longe à gauche l'immense église ; là tournant toujours ma carte entre ses doigts, il me pria de l'attendre un moment pour aller annoncer ma venue à l'abbé mitré, supérieur du monastère.

Pendant son absence, je regardais autour de moi, émerveillé, comme dans un rêve, cet horizon de montagnes, cette nature sereine et cette architecture si curieusement décorative qui m'entourait.

Le Père français revint bientôt, tout joyeux, me dire que l'hospitalité m'était accordée, et que je pouvais me considérer comme chez moi jusqu'au lendemain midi. Le jeune serviteur, qui se tenait respectueusement à distance, s'approcha sur un signe du Père et prit mon bagage, pendant que tous deux me conduisaient à mon appartement.

Dans un grand bâtiment, attenant à l'église et servant d'habitation, on me fit traverser d'immenses corridors sur lesquels ouvrent de petites portes régulièrement espacées ; au bout d'un de ces corridors, mes guides s'arrêtèrent et m'introduisirent dans une antichambre qui donnait accès à deux pièces : dans l'une était une table, un grand canapé et des fauteuils de cuir vert ; dans l'autre un lit de cuivre, une table, une commode et quelques sièges.

Dans la chambre à coucher, deux petites fenêtres romanes s'ouvrent sur l'admirable vue de la vallée, avec le voisinage immédiat d'un peuplier tremblotant.

Après m'avoir installé, le Père français me laissa, appelé dans le couvent par ses devoirs ; il m'annonça que je dinerais à huit heures, et qu'il viendrait lui-même me chercher pour me conduire au réfectoire. Jusque-là, liberté complète m'était laissée.

Accoudé sur l'une des fenêtres, je restai quelque temps en cet état d'esprit vague, et non sans saveur, où nous jette le premier contact avec des choses absolument étrangères à nos habitudes; puis, machinalement, je sortis.

De charmants jardins en terrasse forment autour de l'édifice une promenade naturelle fort pittoresque et variée selon l'orientation. Une petite allée, prise au hasard, me ramena devant l'église où j'entrai.

Partout des marbres multicolores; des dorures surplombant; des stucs, au plafond, tombant paternellement sur la tête des assistants à chaque tremblement de terre, ce qui nécessite la présence permanente de grands échafaudages destinés à les rétablir après chaque secousse (et elles sont fréquentes dans ces montagnes voisines du Vésuve !) une surabondance de richesses dans une architecture qui ne laisse à l'œil aucun répit, aucune ligne où se fixer; une impression d'ensemble plutôt théâtrale, telle est l'église du mont Cassin, semblable en ceci à beaucoup de basiliques italiennes qui ne peuvent rien sur l'esprit de ceux dont le cœur a tressailli dans l'ombre mystique de nos vieilles cathédrales gothiques.

Bien plutôt attiré par le spectacle du dehors, par cette nature qui n'y met pas tant de façons, pour être sublime, j'allais me retirer lorsque j'entendis s'ouvrir une porte sur le bas côté de gauche ; celle d'une sacristie, je crois. J'en vis sortir, dans leur sévère costume, les Pères bénédictins précédés de leur abbé, vêtu comme eux, mais portant, comme insigne, une petite calotte violette sur la tête.

Je m'effaçai derrière un pilier pour les laisser passer.

L'abbé traversa la nef suivi de tous les Pères ; après s'être incliné au milieu, du côté du maître-autel, il alla s'agenouiller dans le bas côté de droite au seuil d'une petite chapelle.

L'abbé s'était prosterné sur un prie-Dieu recouvert d'un grand tapis de velours ; autour de lui, les Pères s'étaient agenouillés par terre, au hasard.

Pas un mot : rien que le froissement des lourdes robes de ces hommes noirs, qui se détachaient vigoureusement sur l'éclatante couleur des marbres.

La prière fut courte et muette ; tous se relevèrent bientôt et, revenant sur leurs pas, disparurent par la petite porte de gauche, qui se referma derrière eux.

Bien des pompes de l'Église ne valent pas cette oraison silencieuse et profondément touchante en sa simplicité !

J'allais rentrer *chez moi* par les jardins, lorsque

le Père français vint me rejoindre, me dit qu'il avait pu se rendre libre et me proposa de visiter le monastère.

J'acceptai avec empressement et nous commençâmes une très curieuse promenade. C'est d'abord la bibliothèque qui nous attira en premier; mon guide en était le conservateur, au nom de sa passion pour les livres. Je ne les crains pas non plus; aussi cette profession de foi sembla-t-elle me grandir en son estime.

Cette bibliothèque, assez bien aménagée, contient 40.000 volumes, selon le chiffre qui me fut accusé; elle renferme surtout de très rares manuscrits. Le Père français me fit voir notamment de curieuses copies d'antiphonaires remontant au ixe siècle; il me demanda de lui en chanter quelques lignes, ce que je fis de mon mieux et ce qui parut lui être extrêmement agréable. Puis il me montra un livre très intéressant, couvert des plus illustres signatures, et parmi lesquelles je reconnus celles de plusieurs musiciens : Liszt, Thalberg, etc., venus jadis demander l'hospitalité au mont Cassin.

Ce fut le tour de l'imprimerie du couvent; elle est polyglotte, ce qui n'est pas ordinaire et nous retint assez longtemps.

Après quoi nous passâmes dans une espèce de salle d'étude où se trouvaient plusieurs jeunes gens qui se levèrent à notre entrée, et au sujet desquels le Père s'arrêta un instant.

On sait que le mont Cassin donne l'instruction à plus de cent cinquante élèves qui habitent le monastère. Ce sont, pour la plupart, les fils des familles les plus considérables de l'Italie; parmi eux on compte beaucoup de Napolitains et, à l'époque de ma visite, les événements politiques avaient décidé beaucoup de ces jeunes gens à se vouer à l'état ecclésiastique.

La nuit venait rapidement, car on sait qu'en Italie il y a peu de crépuscule; l'obscurité était donc presque complète quand je regagnai mon domicile, toujours accompagné de mon aimable guide. Il me quitta de nouveau. Une cloche venait d'annoncer le repas des Pères et des élèves, et ce n'est qu'après celui-ci qu'il est d'usage de servir les étrangers.

Au dehors c'était l'heure délicieuse, douce, rêveuse du soir, sous un ciel où se mouraient les dernières clartés; une étoile se levait brillante dans le ciel d'un bleu de saphir. On n'entendait que le seul bruit du petit peuplier tout frémissant dans une brise embaumée... Je me sentais prodigieusement heureux!

A huit heures, le Père français vint me chercher pour me mener dîner.

On repassa par ces immenses corridors plongés maintenant dans une complète obscurité. Aux bifurcations à angle droit, seule une petite lampe pendue à la voûte, sous un abat-jour de fer-blanc, faisait d'impuissants efforts pour fouiller toute cette ombre.

On parlait à voix basse.

Ici encore une impression vraiment nouvelle. C'était bien le couvent sombre, silencieux comme une tombe; il fallait la bonne humeur de mon guide, tout noir, pour me rappeler que je n'étais pas au pays des spectres et que j'allais simplement dîner.

Enfin on ouvrit une porte donnant sur une salle immense, grande comme une cathédrale, et éclairée par une ou deux lampes qui ne servaient que de repoussoirs à l'obscurité.

C'est le réfectoire; plus de trois cents personnes peuvent y prendre place. Tout autour une grande boiserie fait songer aux stalles d'un chœur d'église : attenant à cette boiserie et exhaussé d'une marche, un banc précédé d'une table. C'est là que s'asseyent les Pères bénédictins.

Au milieu, une série de tables pouvant chacune contenir vingt places environ. C'est là que se tiennent les élèves placés ainsi sous l'œil de leurs maîtres.

Au-dessus des boiseries, de grandes fresques montent jusqu'au plafond, interrompues par de larges fenêtres envoyant d'en haut un jour tamisé par des vitraux.

Dans la journée, en pleine lumière, quand toutes les places sont occupées, ce réfectoire doit faire songer à une immense *Cène*, aux *Noces de Cana*, à la *Multiplication des pains* ou à tout autre formidable tableau où le temporel et le spirituel semblent étroitement unis. A cette heure, dans cette nuit, il ressemblait à une vaste église solitaire.

Le Père français, familier avec toutes ces choses, n'en recevait plus que l'influence indirecte et paraissait même un peu surpris de ma surprise.

Il me conduisit au bout de la salle et me fit asseoir à l'une des tables réservées aux Pères.

Un serviteur apporta le dîner : c'étaient d'abord des racines sur un plat.

Il faut croire que mon visage exprima un grand étonnement, car le Père alla au-devant d'une objection que, bien entendu, je n'eusse formulée sous aucun prétexte.

— Rassurez-vous, me dit-il en souriant, c'est notre règle ; mais si ceci *doit* vous être servi, vous n'êtes nullement obligé d'y prendre garde.

Toute latitude étant laissée, il n'y avait plus qu'à faire honneur au reste du dîner, frugal mais très suffisant. Mon obligeant compatriote était assis en face de moi, donnant des ordres pour que je ne manquasse de rien, et nous causions avec un vrai contentement l'un de l'autre. Comme moi-même il éprouvait un vif plaisir à parler français avec un Français, vite, à demi-mot sur certaines choses, employant d'innocents sous-entendus sur certaines autres, et cela avec beaucoup de bonhomie et de simplicité.

Au bout d'un quart d'heure, nous reprenions le chemin de mon appartement.

Nous avions échangé quelques idées sur lesquelles nous nous étions trouvés d'accord ; une sympathie réelle semblait nous rapprocher. Arrivé chez moi, je lui demandai la permission d'allumer un cigare, ce qu'il m'accorda de la meilleure grâce. Il s'était assis dans un grand fauteuil ; allant et venant autour de lui, je ne pus résister au désir que j'avais depuis quelques instants, de lui demander par quel enchaînement de circonstances lui, Français, se trouvait au mont Cassin. A vrai dire, la simplicité extrême des manières de mon interlocuteur m'enhardissait un peu à lui faire cette demande. Je ne flairais pas une âme très romanesque sous cette bonne et franche figure ; aussi ma question ne l'étonna-t-elle guère, et, tout naïvement, il me conta sa vie droite et simple comme lui.

Normand de naissance, il sortit du séminaire et fut vite nommé vicaire, puis curé d'un petit village voisin du sien. Il habitait un modeste presbytère avec sa mère qu'il adorait. Elle vint à mourir. Il en ressentit un tel chagrin qu'il fit une maladie dont il faillit mourir lui-même. Revenu à la vie, cependant, et convalescent, il demanda à son évêque la permission d'aller à Rome. Il vit le pape, vint à Naples et, en passant, s'arrêta au mont Cassin. Frappé de la beauté du lieu, du calme, du recueillement des Bénédictins, se sentant seul au monde, il voulut rester là, échangeant la soutane du prêtre contre la robe du moine. Il y était depuis quelques années, cicatrisant sa blessure et, sans doute a dû y mourir.

Le récit fait tout doucement, sans la moindre

recherche de l'effet, avait le touchant intérêt des choses sincères et vécues. Nous causâmes encore quelque temps ; puis, après nous être serré la main, le Père français se retira.

Je restai seul.

Seul dans cette cellule de moine ; sous ce toit dont l'histoire a près de quatorze siècles ; par une belle nuit sans lune, éclairée par des milliers d'étoiles !

La douce chose que ces impressions si nouvelles et si fécondes ! Quel charme d'écouter ces voix intérieures disant : « Va, regarde, apprends, travaille, espère ! »

Puis je me pris à songer à Paris ; à Paris où l'on trouve des gens, fort intelligents, qui vous demandent pourquoi diable on envoie les musiciens à Rome !

Pourquoi ?

Pour leur donner beaucoup d'heures comme celle que je traversais en ce moment.

Oui, la musique est là aussi bien que dans la fréquentation des plus purs chefs-d'œuvre. L'une par l'autre, ces deux formes se complètent : l'étude et la contemplation.

Qui sommes-nous pour la plupart ? Fils de la bourgeoisie grande ou petite, les plus heureux ont reçu quelque instruction ; les autres, la majorité, n'ont guère appris que leur art. Tous avant d'aller là-bas ont dû beaucoup travailler pour apprendre, beaucoup travailler pour vivre : celui-ci allant jouer le soir à l'orchestre des petits théâtres; celui-là tenant l'orgue dans quelque église, tous donnant des leçons ! Est-ce en un pareil milieu que le petit « je ne sais quoi » qui nous a fait décerner un bout de laurier peut se développer, grandir et donner son fruit? Le prix de Rome a ce seul avantage, cette unique certitude, de permettre à celui qui l'obtient de se recueillir et de se rendre compte de ses forces. C'est là, sous ce merveilleux ciel de l'Italie, au milieu des chefs-d'œuvre légués par les plus hautes intelligences d'artistes, que celui qui a quelque chose en soi peut le dégager. Ce séjour est le complément nécessaire des études; après les années consacrées à acquérir la technique d'un art, quelques autres sont indispensables où dans le calme, et surtout dans l'absence de préoccupations matérielles, on puisse fondre le tout au foyer intérieur de l'individualité.

On sait bien que cela n'a rien à voir avec le résultat matériel des choses à venir, et que, celui-ci réussira là où cet autre est mort à la peine : mais ceci est la loi ordinaire des choses de ce monde et, malgré sa rigueur, l'homme (comme il en use avec la terre qui le nourrit) doit s'occuper de sa propre culture avant de songer à la moisson. Celle-là ne dépend que de lui-même, comme celle-ci ne dépend que du hasard.

. . . .

Cette crise cénobitique m'avait conduit assez tard dans la nuit; je me couchai et je dois avouer que je ne pus dormir. Ce gueux de peuplier, dont le feuillage venait presque balayer la fenêtre, devenait très bruyant dans son démêlé avec le vent de la nuit, et, n'eût été la sainteté du lieu, je l'eusse volontiers envoyé à tous les diables.

Le jour vint, et renonçant décidément à dormir, je me levai. J'étais prêt à sortir lorsqu'on frappa à la porte. C'était le Père, le bon Père français qui venait me demander ce que je voulais qu'on me servît pour mon premier déjeuner ! Je lui laissai le choix, et je vis, bientôt après, venir un serviteur apportant du café et du pain frais.

« Avez-vous bien dormi ? » me dit mon hôte.

« Admirablement, mon Père !

— Allons, tant mieux ; » — et me prenant le bras, il me mena visiter les orgues de l'église qui, dans le pays, passent pour une merveille, et qu'aux jours de fête les paysans viennent entendre de fort loin.

« Il y a des jeux qui imitent le chant des oiseaux, le tonnerre, la pluie et le vent, c'est tout à fait admirable, me disait-il : quel dommage que les réparations en cours vous empêchent de vous en rendre compte ! »

Je bénis l'heureux hasard des « réparations en cours » qui s'opposaient à ce que je fisse l'orage à moi tout seul dans l'église, pour la plus grande joie de mon excellent guide, et, sur son conseil, j'allai visiter le musée.

Je n'en ai gardé qu'un souvenir assez plaisant :

celui d'un *custode* somnolent et fantaisiste. Après m'avoir introduit, il s'installa sur une chaise ; adossé au mur, et croisant ses mains sur un ventre respectable, il se mit à ronfler comme un bienheureux.

Après une rapide inspection de ce musée, dans lequel brille sans grand éclat le chevalier d'Arpino, j'allais me retirer, lorsque je fus attiré par une étrange tête de vieillard. Ce n'est pas qu'elle soit très remarquable ; mais ce qui frappe, à l'analyse, c'est la jeunesse de ce visage, et la pénétration de ce regard encadrés dans une barbe et dans des cheveux d'une éblouissante blancheur.

J'allai frapper sur l'épaule du *custode* endormi.

« Quel est ce portrait ? »

Et lui s'éveillant à demi :

« C'est celui de Notre-Seigneur Jésus-Christ !

— Comment ! avec des cheveux blancs et une barbe de neige ! »

Alors, écarquillant les yeux et les refermant aussitôt pour reprendre son somme :

« Ah ! je me trompe, c'est le Père Eternel ! »

Je retins une forte envie de rire et, muni de ce renseignement, je m'en allai sur la pointe des pieds, laissant l'homme à son rêve !

J'avais vu au mont Cassin tout ce qu'y peut voir un étranger : j'étais enchanté de l'accueil reçu et, désirant regagner le chemin de fer avant le plein de la chaleur, je me mis à la recherche du bon Père français pour prendre congé de lui. L'ayant trouvé, je le remerciai vivement de sa cordiale réception.

Je le chargeai aussi de mes remerciements et de mes respects pour l'abbé, et lui demandai s'il était d'usage de laisser quelque offrande; il me répondit que non, que l'hospitalité était complète, mais que j'étais libre de déposer une aumône dans le tronc des pauvres, ce que je m'empressai de faire. Puis, jetant un dernier regard sur cette belle cour d'arrivée, je descendis l'immense escalier et me retrouvai sous la voûte d'entrée. Sur le seuil de la lourde porte, jusqu'où le Père français était venu me reconduire, nous nous regardâmes encore bien en face, nous serrant les mains comme des gens qui ne se reverront peut-être jamais, et nous nous séparâmes de la façon la plus cordiale.

. . . .

En me retrouvant sur le chemin de San-Germano, je revoyais dans le détail les quelques heures que je venais de passer là; et, m'asseyant au bord de la route, une dernière fois je regardai ces murs énormes perdus sur ces hauteurs où rien de la bataille humaine ne saurait pénétrer.

Cependant à celui-là qui, dans les grandes envolées de la jeunesse, avec toute une vie devant soi, a entrevu la cime choisie par son ambition; qui, dans l'âge mûr, au milieu de la lutte et rassemblant tous ses efforts, a vu sans cesse le but reculer devant lui; qui, enfin, parvenu au seuil de la vieillesse, à cette heure de la vie où l'on en a assez des hommes et des choses parce qu'on n'en peut plus rien attendre; à celui-là il doit être doux encore de frapper à cette porte, non plus comme un voyageur qui vient demander l'hospitalité d'un jour, mais comme un vaincu cherchant une retraite, pour y guérir ses blessures dans la paix du travail et la pensée de l'au-delà !

. . . .

Seulement, et comme il faut songer à tout, malgré son renoncement aux choses de ce monde, si celui-là tient encore au sommeil, ce dernier ami, je lui conseille de ne pas choisir la cellule aux deux petites fenêtres romanes qui s'ouvrent sur le trop bruyant peuplier du mont Cassin !

NAPLES

A San-Germano je retrouvai le chemin de fer; à quatre heures et demie j'arrivai à Naples et me dirigeai tout droit vers la Casa Combi?

Qu'est-ce que la Casa Combi.

C'est une respectable maison meublée qui depuis des temps reculés sert de débotté aux artistes en voyage. Elle a son histoire et sa légende. Il n'est pas un pensionnaire de Rome depuis un siècle, pas un touriste, touchant de près ou de loin à la brosse ou à l'ébauchoir, qui n'ait dormi là. C'est un rendez-vous convenu sans qu'on se soit rien dit. C'est... C'est la Casa Combi enfin; et, pour nous autres, elle fait partie des monuments historiques de la ville.

Cependant au dehors rien n'attire l'attention; c'est une maison comme beaucoup d'autres, et si certains détails de construction peuvent donner à penser qu'elle date du xviiie siècle, elle n'a néanmoins que des rapports très indirects avec l'architecture proprement dite. A l'intérieur, un escalier sombre est entretenu avec cette propreté tout à fait relative

qui passe à Naples pour de la recherche ; de grands
paliers, s'éclairant sur une cour triste, donnent accès
à deux appartements : l'un à droite, l'autre à
gauche.

Au troisième et au quatrième étage, on sonne :
c'est là.

Soit, mais pourquoi la Casa Combi de préférence à
toute autre offrant le même escalier sombre, la même
cour triste, les mêmes chambres peintes à la colle et
pavées de marbre ?

Pourquoi ? D'abord parce que cette maison est
bâtie au beau milieu du quai de Sainte-Lucie, juste
en face du Vésuve, et que le quai de Sainte-Lucie
avec le Vésuve en face, c'est tout Naples. Ensuite on
va là parce que les autres y sont allés; parce que
c'est une tradition; et comme le sentiment qui vous
y ramène est celui de tous, on a toujours quelque
chance d'y rencontrer un visage de connaissance.

En arrivant, ce jour-là, j'appris que Lafrance était
installé depuis quelques jours. En ce moment il
travaillait au Musée et revenait chaque soir, avant
son dîner, annonçant son arrivée dans l'escalier avec
cette belle voix de baryton que nous avons tous
cherché sans succès à lui faire cultiver, et qui était
une des mieux timbrées qu'on pût entendre. Dans
un corridor ou dans un escalier, elle faisait merveille.
Aussi le bon Lafrance ne manquait-il jamais d'attaquer la sérénade de *Don Juan* ou un certain air du
Barbier, en mettant le pied sur la première marche!

« *Almaviva son'io, non so Lindoro!* Tiens, c'est toi, fit-il en ouvrant la porte. Bravo ! nous allons dîner ensemble ! »

. . . .

Pauvre Lafrance ! celui-là n'a pu faire tout ce qu'il souhaitait !

Cependant son *Saint Jean* et une statue de Frédéric Sauvage à Boulogne-sur-Mer ne le laisseront peut-être pas oublier tout à fait !

. . . .

Quelques instants après nous étions sur le quai de Santa-Lucia, installés à la *Trattoria del Vesuvio* au milieu des joueurs d'*organetto*, des chanteurs ambulants, des marchands de cannes, de chiens, de perroquets, grouillant dans une double haie d'*ostricari* aux noms flamboyants : Salvatore Scarolello, Vincenzo Capezutto, etc., etc.

Enfin c'était Santa-Lucia ; c'est dire clairement que nous étions submergés par le Naples bruyant, hurlant, beuglant et gesticulant qui est une des choses les plus pittoresques qu'on puisse voir, entendre et... sentir !

Quel contraste avec mon séjour de la veille sous les voûtes austères du mont Cassin !

Ce qui frappe tout d'abord à Naples, c'est l'amour qu'ont les habitants pour tout ce qui est bruit et mouvement; rencontrez-vous dans la rue un homme que vous avez vu une fois, il se dépense plus pour vous demander de vos nouvelles, que s'il lui fallait faire une harangue sur la place publique. Les harnais des chevaux sont constellés de sonnettes, tantôt entourant la tête, tantôt accrochées sur la selle à de petits moulins de cuivre qui, à chaque coup de vent, tournent, grincent, piaillent, assourdissent les passants et font comme les petites flûtes d'un charivari perpétuel, où les hautbois seraient représentés par le cri nasillard des marchandes de *buona baruca*, et la basse, par la plainte des *acquajuoli* vantant la saveur du *sambuco* mélangé à de l'eau glacée.

Levez-vous les yeux, des noms ou des enseignes invraisemblables font éclater de rire les gens les plus taciturnes : n'y avait-il pas, au beau milieu de la rue de Tolède (la plus animée), un malheureux bazar à treize sous, dont la façade portait cette enseigne, écrite en français :

AU PUR CHIC
EXCELLENTE CAMELOTE

Quelles gens ! Quelles oreilles ! Quels poumons !

A côté de ces rues, nos boulevards paraîtraient mornes, et la Cannebière elle-même semblerait silencieuse !

Eh bien ! après une bonne journée de travail, passée dans l'ombre fraîche et le calme d'une habitation de *Chiaja*, une heure ou deux de ce tumulte semble une chose délicieuse; passant du silence absolu à ce bruit intense, on ne peut résister à l'envie de faire sa partie dans cet étourdissant vacarme, et c'est avec une vraie joie qu'on crie à la servante : « Donnez-moi du potage ! » sur le ton qui conviendrait aux imprécations de Camille !

Dans toutes les grandes villes, l'agglomération n'a lieu que sur quelques points; mais souvent, à côté, une rue vous conduit, en dix pas, au milieu d'une vraie solitude.

Il en est de même à Naples. Quittez Santa-Lucia, prenez par Chiatamone, le long du château de l'Œuf, et vous vous trouverez, en quelques minutes, sous les tranquilles ombrages de la *Villa Reale*; quelque chose comme nos Champs-Elysées, avec la mer en plus et le café des Ambassadeurs en moins.

Cependant, certains soirs, une excellente musique vient y jouer, sous un kiosque entouré de cafés où l'on prend des glaces. Alors, il est vraiment exquis à distance, sous les arbres, dans la nuit, d'entendre ces belles et larges sonorités, se confondant avec la grande voix de la mer. Par les soirs les plus calmes, une lourde lame, arrivant du large, vient, de temps en temps, se heurter contre la concavité savamment voulue du mur même de cette terrasse; ne rencontrant pas d'angle et ne se brisant pas, elle roule sur elle-même et file de long de ce mur, avec un bruit sourd et profond, pour aller éclater comme une bombe du côté de Mergellina, en éveillant les échos lointains de Pausilippe. Parfois, un hasard heureux permet à cette détonation d'arriver juste au point culminant d'un grand *crescendo* d'orchestre, improvisant ainsi comme une basse formidable de la plus saisissante majesté !

Mais, tout en discutant avec Lafrance sur les mérites comparés d'une lame, considérée comme nouvel agent sonore dans les combinaisons orchestrales de l'avenir, nous arrêtions, pour le lendemain, un projet d'excursion du côté de Baïes ; excursion que nous avions déjà faite l'année précédente, qu'il faut refaire quand on le peut, et qu'il faut absolument entreprendre, n'eût-on que quelques jours à soi. Après Pompéi, c'est là certainement ce qu'il y a de plus curieux aux environs immédiats de Naples.

Cela nous avait conduits à la porte de la Casa Combi, où nous attendait le bon sommeil des gens qui n'ont pas perdu leur temps.

*
* *

Le lendemain matin, de bonne heure, nous nous mettions en route dans le costume commode du voyageur pédestre.

Après avoir traversé *Villa Reale* dans toute sa

longueur, et dépassé Mergellina, sorte de faubourg dont l'aspect assez sale ne répond guère à son joli nom, nous nous trouvions devant la grotte de Pausilippe, en face du tombeau de Virgile.

Dix-huit siècles de gloire sont certes le plus beau monument que les hommes puissent élever à la mémoire d'un mort illustre; mais est-ce une raison pour laisser souiller sa tombe par l'immonde fumée qui sort de la forge d'un maréchal-ferrant?

. . . .

Journée rude, mais bien intéressante, au milieu de ce pays à la fois illustré par l'éclat de son histoire et par les descriptions des plus grands poètes! Pouzzoles, le lac Lucrin, le lac Averne, l'antre de la Sibylle, Misène, Cumes, etc., sont autant de noms fameux, dont la magie nous fait regarder avec une sorte de respect le moindre caillou de la route. Sans doute, les savants marchandent beaucoup l'histoire, sur ce coin de terre où le génie de Virgile a passé comme un astre brillant qui éclaire encore les moindres choses; mais, histoire ou légende, qu'importe au voyageur? La vérité toujours si relative de celle-là vaut-elle mieux que la richesse d'invention de celle-ci?

A la fin du jour, nous étions tellement saturés de l'*Énéide* et de tous les noms de l'antiquité, que nous allions indubitablement en arriver à nous traiter d'Astyanax ou d'Œnobarbus, ce qui est toujours une extrémité fâcheuse; mais, fort heureusement, le besoin d'un *figlio di Pietro* se faisait sentir et nous réunissait dans une commune recherche.

Un *figlio di Pietro?*

Oui. Dans les faubourgs et dans la campagne de Naples, il faut renoncer à compter les *osterie* qui portent pour enseigne : *Al figlio di Pietro.* Est-ce le même Pierre qui a eu tous ces fils? C'est tout à fait invraisemblable. Quoi qu'il en soit, Lafrance et moi, nous étions convenus de ne plus dire : un restaurant, mais tout bonnement : un *figlio di Pietro.*

Nous étions à Baïes, au bord de la mer, la nuit venait et il s'en présenta un fort à propos; il n'y avait pas à hésiter. Au bout de quelques instants, nous étions installés sur une grande terrasse au premier, pendant qu'une enfant de douze à quatorze ans, allant et venant autour de nous, s'occupait du service que Lafrance réglait dans son meilleur italien.

Je regardais cette mer calme sous un ciel couvert, d'un blanc laiteux, écoutant le petit flot qui venait doucement mourir à dix pas de la maison, lorsque Lafrance, qui, en sa qualité de sculpteur, examinait d'abord l'individu avant de regarder le paysage, me dit tout à coup.

« As-tu remarqué la petite qui nous sert?

— Oui et non, pourquoi?

— Elle nous observe avec une insistance singulière. »

La fillette avait en effet une petite mine éveillée

tout à fait réjouissante ; ce n'était évidemment pas une servante, mais plutôt l'enfant du *figlio* de ce coureur de *Pietro*.

Elle nous servait silencieusement, puis courait vite se blottir à l'autre bout de la terrasse sans nous quitter des yeux. Mignon devant deux simili-Wilhem.

« Et puis, pas un mot, continua Lafrance ; je n'aime pas ça, moi !

— A Portici pourtant, cette muette aurait une fameuse couleur locale, hein ? Il est vrai qu'à Baïes...

— Elle peut être polie, et répondre quand on lui parle !

— Surtout dans un italien aussi châtié !

— Certainement ; je m'applique.

— Et moi, donc !

— Je veux en avoir le cœur net. »

Et appelant cette enfant, pour la dixième fois au moins, il prétexta l'absence de quelque ustensile, demandant s'il était possible de le lui procurer.

Pas de réponse ; mais la petite partit, revint avec l'objet réclamé et retourna tout là-bas, à la place qu'elle semblait avoir adoptée.

« Décidément elle est muette.

— Mais elle n'est pas sourde.

— Après tout, c'est tout ce qu'il nous faut !

— Nous disions donc que c'est ici, à droite, dans la mer morte, que Virgile a placé le noir Tartare... »

> Allons, enfants de la patrie,
> Le jour de gloire est arrivé !

C'était la petite fille qui attaquait la *Marseillaise* sans le moindre accent et d'une voix très gentille, ma foi !

« Vous êtes donc française ? »

Et elle vint à nous en riant.

« Je suis née ici, mais j'ai été élevée à Paris dans un pensionnat des Champs-Élysées ; il y a déjà trois mois que je suis revenue, et cela m'a semblé si bon d'entendre parler français que je n'ai pu résister à l'envie d'écouter votre conversation. »

Elle nous disait cela en riant et nous l'écoutions de même, si bien que le *figlio di Pietro* vint en personne voir ce qui se passait.

Dans ce décor, sur les bords de l'Achéron, à deux pas du Styx, par lequel les dieux ne juraient qu'en tremblant ; peut-être même dans la « rue du noir Cocyte, » entendre chanter la *Marseillaise* par un gavroche en jupons, c'est à désespérer de rencontrer jamais la couleur locale.

En revenant à Naples, nous reparlions de cette scène.

« Je crois qu'elle s'est moquée de nous, cette petite, me dit Lafrance.

— Je fais plus que le croire.

— Heureusement que tu n'as pas dit de bêtises !

— Es-tu bien sûr ?

— Vois-tu M. Scarolello ou Mme Capezutto, déjeunant à Saint-Cloud et servis par un petit garçon leur chantant l'hymne de Garibaldi au dessert ? Non, mais leur tête, la vois-tu ?

— Eh bien! mais il n'en faut pas trop rire ; c'est celle-là que nous avions tout à l'heure ! »

. . . .

Le lendemain matin, je quittais le bon Lafrance pour aller à Pœstum.

.·.

En voyage, si l'on veut sentir et comprendre certaines choses, il ne faut pas se dépêcher ; sur ce point l'esprit va souvent moins vite que le corps.

Prenez une voiture sur le boulevard, faites-vous conduire à la gare de Lyon, sautez dans l'express pour l'Italie et arrivez quarante-huit heures après, à Rome, par exemple, qu'y verrez-vous ? Rien de ce qu'est Rome ; c'est certain.

Cette façon de voyager, excellente pour les lettres, ne vaut rien pour les gens.

Au contraire, allez-vous-en flânant en Provence, badaudant sur la Corniche ou rêvant à Florence, ce sera tout différent. A la douce allure des jambes, l'esprit commence d'abord par se débarrasser de sa routine journalière, c'est l'un des bienfaits du voyage ; il est stimulé par un spectacle sans cesse renouvelé ; peu à peu, cette marche tranquille, dans ce *crescendo* de la lumière, ramène le souvenir de toutes les choses lues : sous le ciel d'Horace enfin, ce que vous savez de l'antiquité a complètement reparu, et Rome, du sein de ses vieilles pierres, se dégage à vos yeux comme une ruine unique où se rencontrent à la fois les plus belles manifestations de l'art et la plus incomparable richesse des souvenirs !

Après avoir fait la preuve des deux procédés, et donné la préférence au second, je me gardai bien ce jour-là d'aller de Naples à Pœstum tout d'une traite, malgré la petite distance (cent kilomètres environ), et, partant de bonne heure, j'allai déjeuner à Pompéi.

Bien que je l'eusse habité deux semaines, l'année précédente, avec mes camarades architectes accompagnés de ceux de l'École d'Athènes, qui en expliquaient savamment les fouilles, il m'était impossible de passer devant la station sans descendre : on n'a pas tous les jours sous la main une ville antique, que quelques mètres de sable ont eu la courtoisie de vous conserver intacte pendant dix-huit siècles, et, lorsqu'on en est bien possesseur, c'est une volupté réelle d'y promener son *modernisme*.

Fumer un cigare dans la *Maison de Pansa* ou dans celle du *Poète tragique*, ce cigare fût-il ce que la régie italienne appelle un *virginia*, c'est-à-dire une chose abominable ; aller s'asseoir à l'ombre dans le temple de Jupiter, avec le Vésuve tout près derrière soi, et tirer de sa poche, pour la relire, une lettre fraîchement reçue de Paris, qui, après les nouvelles attendues, vous parle des menus propos du boulevard et des théâtres, sont des choses d'une saveur très intense.

Mieux encore : chercher et trouver un peu de musique dans ce décor, la loger dans une œuvre et la voir applaudie au retour, n'est-ce pas une excuse pour un musicien en mal d'archéologie? D'ailleurs toutes ces impressions, profondes ou fugitives, sont comme les fleurs d'un herbier ; plus tard, en se souvenant, on ouvre la boîte : alors le parfum des choses disparues vous reprend et souvent vous console des choses du présent !

Pompéi est une ville à laquelle on ne dit pas adieu ; s'il n'est pas dans la destinée d'y jamais revenir, on a du moins l'excuse de l'avoir toujours espéré.

« Au revoir, Pompéi ! » criai-je de mon wagon, et le soir j'allai coucher à Salerne.

.·.

Pas du tout intéressant, Salerne ! Aussi, après en avoir fait la preuve en une heure, ne me restait-il plus qu'à étudier mon voyage du lendemain à Pœstum.

PŒSTUM

Il est à remarquer que personne ne prononce ou n'écrit ce nom de Pœstum, sans immédiatement parler des roses qui y abondaient jadis. Aujourd'hui Tartarin seul trouverait à en cueillir ; mais, pour le commun des voyageurs, il ne s'y rencontre que trois choses : des temples en ruine, des fièvres et des brigands.

Le gouvernement italien en prévenait paternellement les étrangers, au moyen d'une affiche imprimée en plusieurs langues et collée dans toutes les chambres de l'hôtel. On y lisait en substance : que le brigandage menaçant de plus en plus la sécurité publique sur la route de Pœstum, l'administration de la province avait dû faire occuper militairement celle-ci ; que d'autre part la saison des fièvres étant commencée (on était aux premiers jours de juin), les troupes avaient dû être retirées ; qu'en conséquence cette excursion se faisait aux risques et périls des voyageurs ; que ceux-ci étaient formellement invités à se faire accompagner par des soldats qu'on trouverait à Eboli et que, finalement, ce service, comme tous ceux ordonnés par l'État, était entièrement gratuit.

La lecture de cette affiche n'était pas sans refroidir un peu les gens. Ceux de l'hôtel, consultés, se divisaient en deux camps, comme toujours ; les uns déclaraient qu'il n'y avait rien à craindre ; les autres ripostaient par des histoires à faire frémir, où il n'était question que d'oreilles et de nez coupés, de rançons fantastiques et d'autres gentillesses dignes de figurer dans l'histoire merveilleuse d'Ali-Baba.

En une telle occurrence, et avant qu'il vous soit coupé, on se gratte le nez et l'on s'en remet à la nuit pour vous donner un conseil.

Le lendemain matin je prenais donc le premier train pour Eboli où j'arrivai vers sept heures.

Au gendarme de planton à la gare, j'expliquai mon cas :

« Des soldats sont-ils bien nécessaires ?

— Indispensables ; je ne vous laisserais pas partir seul.

— Alors, où est la caserne ? »

Sur les indications du gendarme, je m'y rendis ; elle était occupée à ce moment par des carabiniers royaux.

« Puis-je avoir deux hommes pour m'accompagner à Pœstum ? » fis-je en abordant un brigadier.

« Certainement ; mais il faut d'abord vous procurer une voiture et des provisions. Vous avez 26 kilomètres de route et, une fois arrivé, il n'y a rien à espérer qu'un verre d'eau et peut-être du café, si les habitants de l'unique masure sont chez eux. »

Je retournai à la gare et retins une voiture. C'était un grotesque véhicule qui avait pourtant un faux air de diligence avec sa caisse jaune surmontée d'une bande rouge ; le tout bossué, crotté, cassé, rouillé, avec une vieille capote, sur le devant, dont l'un des ressorts de côté était absent depuis longtemps, ce qui donnait à cette ruine l'aspect d'un vieil accordéon. Les chevaux étaient d'un extérieur bien autrement lamentable ! Fourbus, exténués, roués de coups, d'une maigreur à ne presque plus faire d'ombre autour d'eux, attelés avec des lambeaux de cuir et de cordes, ils étaient conduits par une espèce de crétin.

En marche, cet assemblage de bêtes et de choses était d'une bouffonnerie achevée. Une des roues, plus grande que les autres, imprimait à la voiture un mouvement ondulatoire qui faisait craquer les bois ou grincer les ferrures ; du côté désarticulé, les plis de la capote s'entre-choquaient comme des mâchoires sans dents, avec un bruit semblable à quelque rire diabolique !

C'est dans cet équipage qu'après avoir parcouru les rues d'Eboli à la recherche de provisions, je revins à la caserne. Le brigadier et un carabinier m'y attendaient armés jusqu'aux dents ! Le brigadier et moi nous prîmes place sur le devant de la voiture ;

le carabinier s'installa au fond et le cocher se percha sur les brancards. Tout étant bien vérifié, bien prévu, nous nous mîmes en marche avec l'allure bancale de ce véhicule qui eût donné le mal de mer à un vieux gabier.

Ainsi remplie, cette machine avait tout l'air d'une forteresse ambulante ; elle eût pu sans peine soutenir un véritable siège. Les deux soldats avaient chacun au côté un grand sabre de cavalerie, plus une baïonnette, un fusil entre les jambes et, passé au ceinturon, un revolver de fort calibre ; avec celui que j'avais moi-même et les *munitions* comptées, c'était environ une centaine de cartouches que nous avions à tirer !

.·.

La route d'Eboli à Pæstum n'est pas une route, mais une suite d'ornières plus ou moins profondes, dans lesquelles la pioche d'un cantonnier profane n'a jamais fouillé. C'est le sol du bon Dieu, tel que l'ont fait la pluie, le vent et le soleil torride de l'été. A chaque pas, un cahot vous fait couper un mot en deux ou donner du nez sur le nez de votre voisin ; moyen infaillible de lier la conversation.

Avec la chaleur qu'il faisait, et sur un macadam bien uni, il est probable que le brigadier et son *inférieur* eussent ronflé une bonne partie de la route, ce qui est une mauvaise méthode pour se garder des brigands; avec ces rebonds, au contraire, l'attention était constamment tenue en éveil, et l'intérêt du dialogue ne pouvait languir une minute. En une telle circonstance, M. Prud'homme n'eût pas manqué de laisser tomber cette belle maxime :

« L'impossibilité de dormir tient toujours en éveil la vigilance de la force armée ! »

Le brigadier était Piémontais et parlait assez bien le français. On sait quelle antipathie les gens du Nord ont pour ceux du Midi, qui le leur rendent bien ; en Italie cette antipathie est très prononcée et, de longtemps, Piémontais et Napolitains auront peine à s'entendre. Aussi le brigadier me montrait-il avec le plus profond dédain ce désert, ces champs incultes et cette route abominable, exaltant la supériorité de son pays ; supériorité d'ailleurs indiscutable au point de vue pratique. Cependant, un quart d'heure m'avait suffi pour reconnaître en mon homme un cousin germain de Pandore, et ne désirant pas entrer avec lui dans le vif du sujet, je m'étais hâté de lui avouer que Turin est la plus belle ville du monde, et que le Piémont, tout entier, est le dernier mot de la civilisation. Ceci acheva de me l'attacher tout à fait. Comme c'est commode de toujours dire *amen* à un bavard, quand on veut rester seul au dedans de soi !

Pendant que le brigadier parlait, je regardais cette nature sauvage qui a sa grandeur, sa beauté et sa poésie, tout comme les plaines cultivées de Turin ou d'Alexandrie ont leur intérêt. Pas un arbre, pas une haie, pas un fossé ; rien que l'œil ne puisse fouiller à une grande distance. Par où diable peuvent-ils bien venir, ces terribles brigands ?

« Par où ? » fit le brigadier répondant à cette réflexion. « Tenez, voyez-vous cet homme qui pioche son champ là-bas ?

— Où donc ?

— Là, à gauche ; eh bien ! soyez sûr qu'à côté de lui, dans le sillon, il y a un fusil couché ; l'homme ne serait pas long à vous envoyer une balle, s'il n'avait reconnu de loin les uniformes. Même quand la route est gardée militairement, on fait ici de vilaines rencontres ! »

Deux ans auparavant j'avais passé par la route de Viterbe à Orte ; celle-là est légendaire : elle a été longtemps le théâtre des actes de brigandage les plus extraordinaires, et semble d'ailleurs avoir été combinée à souhait pour cela. Ce ne sont que de brusques détours, angles de rochers, taillis, etc. Quand j'y passai, cette route était gardée par la troupe, c'est-à-dire qu'à chaque kilomètre se massait un piquet de cinq hommes, giberne au ventre et l'arme au pied ; entre ces piquets passaient et repassaient des patrouilles de cavalerie. Il faudrait bien de l'audace pour attaquer les passants dans de telles conditions !

De même qu'alors, la présence de cette troupe me

répondait des broussailles, en ce moment la force surabondamment défensive de notre carriole me répondait du désert et, malgré le pessimisme du brigadier, je me sentais absolument tranquille. Et puis, lorsqu'il y a dans l'air quelque danger invisible et que le soleil éclaire joyeusement le tableau, ce qu'il y a de mieux à faire n'est-il pas de se laisser aller au plaisir de le regarder?

C'était le cas.

Sous son âpreté, cette nature était admirable. A droite et derrière, la plaine jaunie et roussie avec la tache noire des buffles paissant ; à gauche, des montagnes cuites, calcinées, *mangées* par le soleil, et prenant comme un reflet bleu sur la grande palette de la mer, qui arrêtait l'horizon d'une ligne vigoureuse : s'enlevant sur elle, en face, la calme silhouette des temples d'un jaune doré. C'était simple et grand.

Pendant que le brigadier m'expliquait les diverses manières d'attaquer une diligence, nos pauvres chevaux marchaient toujours, et au bout de deux heures et demie de route nous étions arrivés à Pœstum, sans avoir aperçu le moindre Chopart ni la moindre escopette. C'est avec un plaisir extrême qu'après ce voyage, où le roulis se marie au tangage, on saute à terre pour se dégourdir les jambes et reprendre sa complète liberté d'allure.

En dehors des ruines, Pœstum n'est pas long à décrire : il n'y a rien. Rien qu'une vieille masure en planches où le voyageur s'abrite mieux du soleil que de la pluie !

Je priai le brigadier de faire préparer notre déjeuner avec les provisions apportées, et je me dirigeai vers les temples, qui s'élèvent en face de l'endroit où s'arrête la voiture.

« Eh ! pas si vite ! » me cria le brigadier, pendant qu'il recommandait au soldat de veiller à tout ; « je ne vous quitte pas !

... — Tenez, brigadier, voulez-vous me faire bien plaisir ? Voilà un cigare ; fumez-le ici, dans cette baraque, bien à l'ombre ; hein, c'est gentil, ça ?

— Merci pour le cigare ; mais je ne *dois* pas vous quitter. »

... Discuter ? Jamais ; et ce qu'il y avait de mieux à faire était de prendre son parti de ce geôlier de hasard, d'ailleurs excellemment intentionné.

Le plus remarquable des temples de Pœstum est celui de Neptune. A l'encontre de nos temples gothiques, il est orienté de l'est à l'ouest, de sorte que, dès que le soleil commence à descendre une heure après midi, la façade, déjà dans l'ombre, fait ressortir encore l'éblouissante clarté qui enveloppe le reste de l'édifice. Quelques marches y donnent accès, et le soubassement surgit au milieu de broussailles et de ronces inextricables, dans un sol qui semble plus bas que le niveau de la mer. Celle-ci s'est élevé des digues de sable qui, arrêtant l'écoulement des eaux, ont peu à peu transformé la majeure partie de ces plaines en de vastes marécages. Une brume légère s'en élève aux premières comme aux dernières heures du jour.

C'est la fièvre.

C'est elle qui sous cette forme fluide a fait le vide autour de ces blocs massifs; et ceux-ci, seuls debout dans cette solitude, sont les rares vestiges qui témoignent encore de la présence des hommes sur ce sol empesté où jadis fleurissaient des roses.

L'isolement grandit ces ruines.

Elles n'ont pas, comme beaucoup d'autres plus célèbres, subi le contact familier d'une grande ville, et dans ce temple solitaire, de 2.000 ans, un poète pourrait encore loger le vieux Neptune.

L'impression qui se dégage de cette contemplation est une mélancolie profonde et pleine de charme. Quelques froissements de feuilles autour de soi; à quelques pas, la plainte de la mer sur le sable, sont les seuls bruits qu'on perçoive. On retient sa respiration; on écoute le silence, et l'on se sent tout à fait pénétré de cette atmosphère mystérieuse, enveloppante, des choses du passé.

« *Moussiou! Moussiou!* attendez-moi! » me cria le brigadier, me voyant monter assez vivement les marches du temple avec l'intention d'y pénétrer.

« Quoi encore! vous allez me parler des brigands?

— Mais, *Moussiou*, vous ne voulez pas comprendre; moi, je réponds de vous! » Et, baissant la voix :

« Dans ces ruines, pendant que vous regardez en l'air, un bras peut sortir de derrière une colonne et vous entrer long comme cela de fer dans le dos ou dans le ventre; dans ces broussailles qui sont là, qui nous dit qu'il n'y a pas un canon de fusil braqué à votre intention ? Ce ne serait pas la première fois qu'on verrait cela ! »

Je ne pouvais vraiment pas en vouloir à ce brave homme de son zèle; mais un danger qu'on ne connaît pas vous trouve généralement assez disposé à l'incrédulité, et ce jour-là je n'éprouvais qu'une trop visible impatience de me voir à chaque pas traqué par des bandits imaginaires, qui, je le crois bien, n'existaient que dans la cervelle du brigadier.

Il fallut cependant se résigner à être suivi pas à pas, et, longtemps après, le souvenir de ce baudrier l'emportait encore sur celui des ruines de Pœstum. Peu à peu chaque chose, heureusement, a repris son plan, et je m'imagine aujourd'hui ce brigadier, devenu *marchef*, retraité dans quelque coin du Piémont, comme je revois le temple de Neptune continuant à promener son ombre mélancolique, dans ce silence où jadis fourmillait une ville.

Après Neptune, je m'en allai rendre visite à la déesse d'en face : Vesta ou Cérès ; on ne sait pas au juste. A chaque pas, emporté par la vision du passé, j'étais rappelé au présent par quelque gros soupir poussé derrière moi ; clignant de l'œil, et sans en avoir l'air, j'apercevais mon gardien épiant, regardant tout autour de lui, puis, posant son fusil contre une colonne, tirer un mouchoir à carreaux de son bicorne et éponger son crâne chauve avec une mine si piteuse, qu'on en éprouvait à la fois de la compassion avec une forte envie de rire.

La baraque où nous étions descendus étant juste en face des temples, je songeai que j'aurais tout le loisir de les regarder de là, bien assis et à l'ombre, ce qui devenait une nécessité.

« Brigadier, allons déjeuner !

— *Brrravo !* » s'écria mon gardien, enchanté de quitter ces vieilles pierres où l'on commençait à cuire ; et, marquant le pas, le fusil sur l'épaule, avec son bicorne un peu sur le côté, il vous avait cet air tout à fait martial d'un brave militaire qui va se mettre à table.

Le soldat, le carabinier, l'inférieur enfin, avait tout préparé avec l'aide des habitants improvisés de la masure. Ceux-ci étaient de vieilles gens, homme et femme, qui, d'un petit village qu'on apercevait dans la montagne, descendaient chaque jour pour recevoir les voyageurs.

Leur mine était affreuse : jaunes, sales, rongés de fièvre, ils étaient repoussants. Leur demeure était d'une rusticité et d'une malpropreté qui eussent rebuté des estomacs moins résolus.

Construite avec des planches mal jointes et couverte de chaume, il y avait beau jour que les quatre vents de la mer en avaient emporté la fenêtre et la porte. A l'intérieur, une mauvaise cloison divisait l'unique pièce en deux parties : dans la plus petite, suintait une citerne remplie d'une eau saumâtre, mais fraîche, où les *fiaschi* apportés d'Eboli avaient été fort intelligemment plongés. A côté de la citerne pétillait un petit feu de bois sec, maintenu par quelques briques, et sur lequel bouillait le café. Le plus grand espace était réservé aux voyageurs. On marchait sur de la terre battue; du plafond pendaient comme des stalactites, d'innombrables toiles d'araignées surchargées de poussière, et le mobilier se composait d'une table luisante et graisseuse, entourée de bancs fichés dans le sol.

A cette table, j'allais choisir une place qui me permît de voir la campagne, lorsque le brigadier (toujours) me dit :

« Non, pas là; mais entre le carabinier et moi : tous les trois adossés au mur. »

C'était une manie; mais je commençais à m'y faire et, tout en riant, je pris place entre les deux gendarmes, selon le cérémonial en usage à la cour d'assises.

« Ah! çà, brigadier, est-ce que vous allez déjeuner avec tout ce fourniment ? Vous paraissez avoir bien chaud : débarrassez-vous au moins de votre sabre et de votre fusil! »

Ceci avait été dit en italien, et le carabinier avait compris, par conséquent.

Lui et le brigadier échangèrent un regard ; leur visage prit une expression sévère, compassée, et, tout en marmottant je ne sais quoi dans leurs moustaches, ils se mirent à manger, toujours avec le fusil entre les jambes.

. . . .

Entouré de Turcs qui portent des bougies allumées sur leur turban, M. Jourdain érigé à la dignité de Mamamouchi n'est pas plus comique que je ne me parus l'être ce jour-là !

. . . .

*
* *

Il n'y avait pas cinq minutes que nous étions installés qu'un homme entra dans la baraque ; il s'appuyait sur une mauvaise béquille et demandait l'aumône, dévoré par la fièvre. Après celui-là, un autre, c'était un manchot ; puis une espèce de cul-de-jatte. Peu à peu il en arrivait boitant, toussant, rampant comme des larves, offrant chacun le spécimen de quelque infirmité, et tout cela jaune, fiévreux, glabre, goîtreux demandant du pain ou des sous, et psalmodiant ou pleurant en invoquant tous les saints du paradis.

C'était la Cour des Miracles en excursion à Pœstum.

Tout à l'heure ces ruines désertes, cette route sans

une âme : maintenant cette quasi-foule : c'était tout à fait extraordinaire.

« Les voyez-vous maintenant? » me dit le brigadier en français et à demi-voix.

« Oui ; que de mendiants, bon Dieu !

— Des mendiants.... *e altre !* » grommela le brigadier ; puis donnant un formidable coup de poing sur la table, il fit reculer deux ou trois des plus rapprochés qui allongeaient déjà la main pour saisir quelque morceau de viande ou quelque bouchée de pain.

Il en arrivait toujours, et le brigadier les tenait à distance avec force menaces et quelques jurons énergiques. Devenu tout à fait de mauvaise humeur, il me dit encore tout bas et toujours en français :

« Ils sont trop, cela m'ennuie.

— Armés comme nous le sommes ?

— Ça ne fait rien, ils sont trop! » — Puis, tout à coup, se frappant le front : « Nous sommes sauvés ! »

Le mot me parut bien gros ; mais j'en laisse la responsabilité à son auteur.

Il donna encore un grand coup de poing sur la table (c'était son exorde familier), et, s'adressant à ces gens dans un italien patoisé, mais cependant encore compréhensible pour moi, il leur dit en me désignant du doigt :

« Savez-vous qui est ce *signor ?* Eh bien ! il arrive de Rome. (*Mouvement.*) Et, pas plus tard qu'hier matin, il a vu notre Saint-Père le Pape ! »

Ces derniers mots étaient articulés lentement, et avec l'assurance d'un acteur certain de son effet.

Aussitôt tous les chapeaux se levèrent ; ces gens tombèrent à genoux, se frappant la poitrine et vociférant des choses où se confondaient toutes les oraisons. Ces yeux, brillants de fièvre, nous regardaient avidement, et, même après s'être tues, ces lèvres gardaient encore un tremblement nerveux où venait mourir un dernier *amen*.

Une scène comme celle-là, bien amenée dans une habile trame dramatique, produirait certainement un effet considérable ; surtout si la musique se chargeait de la présenter au public dans quelque magistral ensemble.

Peu après ces gens s'étaient relevés, les plus vieux vinrent à moi :

« *E, come stá, Pio Nono ?* (Et comment se porte Pie IX ?)

— *Benissimo !* »

Suivirent toutes sortes de questions :

« A-t-il bonne mine ? Marche-t-il bien ? Ses jambes sont-elles guéries ? (On sait que le pape Pie IX eut pendant de longues années une maladie qui affectait surtout les jambes.) Quel âge a-t-il ? etc., etc., » car il y avait, dans le nombre, des questions dont le caractère politique était alors à l'état aigu, et je n'ai pas à entrer dans ces questions.

Je répondais à tout avec un optimisme absolu ; aussi la joie paraissait-elle grande ; et, bien que je n'eusse, en tout ceci, que le rôle assez effacé du monsieur qui a vu ce qu'on souhaite ardemment de voir, je me sentais ces gens-là si bien acquis, qu'au moindre signe j'aurais peut-être pu faire empoigner le brigadier lui-même ! Mais c'eût été mal reconnaître le service rendu, et je me contentai de rester dans les bornes inoffensives et discrètes de cette popularité de hasard.

Il riait, le brigadier, son chapeau sur les yeux et le nez sur la table; le carabinier, redevenu très crâne montrait de belles dents blanches en ébauchant un sourire.

« Dites donc, brigadier, fit-il, il ne faut peut-être pas laisser refroidir ce mouvement. Si nous nous en allions ?

— Oh ! maintenant je suis tranquille; s'il survenait quelque chose, au besoin ces gens-là nous prêteraient main-forte ! Il n'y a plus à craindre que la fièvre; mais nous avons encore deux ou trois heures devant nous. »

Après avoir distribué quelques sous et allumé un cigare, je reprenais ma course dans les ruines avec le brigadier redevenu tout guilleret.

« Savez-vous que vous êtes un malin, brigadier ?

— Il y en avait trop, sur l'honneur !

— Ah çà, décidément, est-ce que vous flairiez quelque mauvaise intention ?

— Sait-on jamais, avec cette engeance-là ! La béquille du plus infirme peut tout à coup se changer en une lourde trique et vous assommer un homme comme un lapin ! Ah ! c'est que j'en ai vu de toutes les couleurs, voyez-vous ! »

.·.

Vers quatre heures nous reprenions le chemin d'Eboli. Une demi-heure avant d'y arriver, la brise de mer poussait déjà derrière nous de grandes bandes de brouillard blanc, dans lesquelles se cachait traîtreusement la vilaine fièvre des marais.

Revenu à la caserne, je ne savais comment remercier les bons carabiniers et, ma foi, un peu gêné d'offrir de l'argent à des soldats, je priai néanmoins le brigadier d'accepter un petit billet de banque pour boire à ma santé avec le carabinier.

Le brigadier me remerciait, tournant et retournant le billet dans ses doigts, avec un air embarrassé qui finissait par me gagner, puis il me dit :

« Mais ceci est le paiement d'un homme, et nous sommes deux !

— Comment, le paiement ? L'affiche de Salerne dit que le service militaire imposé aux voyageurs et ordonné par l'État est gratuit !

— Quand il est fait par la troupe de ligne : mais nous, nous sommes les carabiniers !

— La sécurité des foyers...

— Plaît-il ?

— Rien ; c'est une réflexion.

— Nous arrivons...

— Toujours trop tard...

— Hein ?

— Rien ; c'est une chanson.

— Ah... Nous arrivons après le retrait des troupes et nous devons être payés. Voilà le tarif. »

Il n'y avait qu'à s'exécuter de bonne grâce, en faisant des réserves toutefois sur la subtilité de l'avis affiché à Salerne.

Je serrai les mains de ces braves gens et nous nous quittâmes les meilleurs amis du monde.

. . . .

Je revins coucher à Naples par le dernier train, très content de cette excursion d'un jour, pendant laquelle j'avais pu contempler des ruines admirables bavarder avec de bons gendarmes et déjeuner au milieu de choses suspectes... qui sont, aujourd'hui, je l'assure, les seules roses de Pœstum !

FERRARE

De Paris on m'avait envoyé quelques poèmes, gais ou tragiques ; et, de leur lecture, j'avais surtout dégagé cette moralité qu'il est, décidément, fort difficile d'aligner un livret d'opéra comportant un véritable intérêt.

A ce propos, remarquons, en passant, combien la plupart des poètes et des écrivains, même parmi les plus réputés, se bercent de puériles illusions !

Pour les uns, la confection d'un livret d'opéra est une besogne subalterne où l'on ne saurait s'attarder longtemps. Au hasard d'une intrigue vague, ils enferment quelques chœurs de soldats, de buveurs ou de fileuses, le classique duo d'amour au clair de lune, et, vers onze heures et demie, ils tuent les gentils amoureux, si c'est un opéra, ou les marient si c'est un opéra comique. Et puis, voilà ; le musicien fera le *reste !* Or, quand le *reste* est achevé et que l'auteur influent parvient à faire représenter le bloc, on s'aperçoit souvent qu'il est fort inutile, quand il n'est pas très ennuyeux.

D'autres, auteurs dramatiques, gens habiles, écrivent un poème d'opéra à peu près comme ils écriraient un drame. Les événements s'y précipitent avec une telle rapidité que le musicien n'a plus le temps de loger sa musique dans les plis d'un sujet parfois antimusical !

Ces auteurs oublient volontiers — à moins qu'ils ne l'ignorent — qu'une pièce destinée à être parlée, et une autre destinée à être chantée, appartiennent à deux formes d'art tellement différentes, qu'elles semblent même antipathiques.

Prenons deux exemples en des genres opposés, et parmi les très grands succès consacrés au théâtre. Se figure-t-on un opéra sur *le Courrier de Lyon* ou une comédie lyrique sur *le Demi-Monde ?* Un Chopart en *ut* ou un Olivier de Jalin en *fa !*

Au temps que j'évoque, je n'aurais pu que très confusément discuter ces questions que l'expérience seule m'a montrées précises ; mais, à défaut de cette expérience, un vague instinct me guidait, et me gardait aussi de certaines collaborations que j'eusse considérées comme redoutables !

Il ne me restait donc que deux partis à prendre : ou m'adresser à un maître librettiste ou ne rien demander qu'à moi-même.

Je tenais bien le maître librettiste en la personne de mon ami Jules Barbier ; mais il m'avait déjà pourvu d'un petit poème, et je sentais quelque indiscrétion à lui demander encore un grand ouvrage qu'il eût sans doute préféré confier à quelque maître réputé.

Je m'arrêtai donc à la seule solution pratique, et me mis en devoir de me tailler un poème dans les chroniques du pays même que j'habitais.

Ces chroniques sont, on le sait, fort riches. Du milieu d'événements extraordinaires se dégagent, en relief, de sombres figures que la légende a grandies et qui, lorsqu'on y regarde de près, laissent toujours voir dans leur ombre la double silhouette de tragiques amants !

Chaque ville italienne montre en son histoire le profil vigoureux d'un prince ou d'un gonfalonier dont le nom, comme la puissance, passe de générations en générations à travers plusieurs siècles souvent !

A Florence, ce sont les Medicis et les Pazzi ; à Milan, les Visconti et les Sforza ; à Gênes, les Fregose ; à Rimini, les Malatesta ; à Ferrare, les d'Este, etc., etc... Je n'avais donc que l'embarras du choix ; et, vraiment, au milieu de toutes ces richesses, je demeurai longtemps hésitant.

Cependant, parmi toutes ces horreurs, toutes ces guerres, toutes ces haines, un épisode étrange reparaissait toujours au premier plan dans ma mémoire : c'était l'histoire de Parisina.

Brièvement, je la rappellerai :

A cette époque, vers 1430, régnait à Ferrare le duc Nicolas III d'Este, resté veuf avec un fils, Hugo. Aux environs de la quarantaine, le duc se remaria avec Parisina Malatesta, encore toute jeune fille. Hugo et elle s'aimèrent, le duc l'apprit et les fit tuer tous les deux.

Telle est l'histoire résumée ; mais elle est accompagnée de détails si curieux et parfois si scéniques !... Par exemple, le fameux miroir dans lequel, passant dans une salle du palais, le duc vit, reflété par une fenêtre laissée ouverte, le couple enlacé de Parisina et de Hugo échangeant dans une salle placée de l'autre côté de la cour intérieure, un baiser sur la nature duquel il n'y avait pas à se méprendre !...

Finalement, c'est à cette histoire de Parisina que je m'arrêtai.

Alors commença pour moi une véritable chasse à travers les bibliothèques romaines ! Je lus à peu près tout ce qui a été écrit sur Parisina, sans en excepter, bien entendu, la courte « nouvelle » de lord Byron. C'était une obsession, une hantise, et ceux qui ont opiniâtrement poursuivi quelque idée, bonne ou mauvaise, me comprendront. A force de vivre avec mon héroïne, je l'avais en quelque sorte ressuscitée pour moi seul ; son âme errante, revenue à travers le temps et l'espace du pays qui nous attend tous, flottait autour de moi douce et mélancolique ; si j'avais pu communiquer avec elle, je lui aurais demandé des nouvelles de son cher Hugo aussi naturellement qu'on s'informe parmi les vivants de la santé de ceux qui leur sont chers !

Enfin complètement « entraîné » je mis à exécution un mode de travail que j'ai toujours pratiqué quand je l'ai pu : celui d'aller vivre dans l'air même de mes personnages. Donc, un beau matin je quittais Rome pour Ferrare où j'arrivais le soir du second jour.

C'était par une nuit exactement en harmonie avec le sombre drame dont je m'étais pénétré depuis plus d'un mois. Noir, sans lune, le ciel roulait de lourds nuages, et le vent sifflait lugubre aux oreilles.

Je descendis à la *Stella d'Oro*, non parce qu'elle sert d'enseigne au meilleur hôtel de Ferrare, mais parce que celui-ci n'est qu'à deux pas du Palais ducal que, sans l'avoir jamais vu, je connaissais en partie et dont je devinais tout ce que j'en ignorais.

A peine descendu de la voiture qui m'avait amené du chemin de fer à la *Stella d'Oro*, je courus au Palais ducal et le vis tout à coup se dresser devant moi sombre et massif, sans une lumière aux fenêtres, dans la nuit noire.

Ce fut une émotion profonde : pour la première fois, je me trouvais en face d'un témoin authentique et contemporain du drame.

Le Palais ducal de Ferrare est construit en briques. C'est un parallélogramme flanqué de tours carrées et isolé par des fossés remplis d'eau sur lesquels sont jetés des ponts.

Je m'accoudai sur l'un des parapets, écoutant clapoter l'eau au-dessous de moi, et dans cet état d'esprit bien connu de l'homme planté devant un mur derrière lequel s'est passé ou se passe quelque chose.

Tout cela était assurément fort romantique. Berlioz, à ma place, et à l'âge que j'avais alors, n'eût pas manqué de tenter l'escalade de la muraille avec ses ongles, jurant par tous les diables du Harz et du Brocken, et menaçant de l'étrangler tout homme qui eût essayé de s'opposer à l'escalade !

Mais les temps étaient changés, et l'idée de plagier Berlioz ne me vint même pas ; car de braves sergents de ville — en vieux style, *d'infâmes sbires* — n'eussent pas manqué de me traîner au poste comme un vulgaire cambrioleur !

J'allai donc bourgeoisement me coucher, remettant au lendemain ma visite au Palais ducal.

Le jour venu, je m'y rendis vers neuf heures et m'adressai au gardien qui faisait visiter l'édifice aux étrangers. Par extraordinaire — oh oui ! — cet homme n'était pas un imbécile ! Il connaissait son Palais sur le bout du doigt, en savait l'histoire fort exactement, et la récitait sans commentaires personnels, répondant avec bon sens aux questions qu'on lui posait.

Je lui parlai du fameux miroir ! Il m'apprit qu'il en existait encore une partie qu'on avait gardée dans la salle même où il était placé au temps du duc Nicolas III.

Le gardien me conduisit dans cette salle très vaste qui occupe presque entièrement un des grands côtés du Palais. Elle servait alors aux délibérations du conseil général de la province de Ferrare. Et je vis enchâssé dans le mur un fragment du légendaire miroir où la destinée écrivit jadis l'arrêt de mort des deux infortunés amants !

Chez un voyageur à Bædeker invétéré, cette vue ne provoquerait sans doute qu'une impression vaguement mélancolique ; dans l'état d'esprit où je me trouvais alors, cette impression se manifesta si intense que mon guide ne put s'empêcher de s'en montrer surpris !

Je lui avouai que je m'occupais d'un ouvrage... historique (!) sur le château de Ferrare, et que, l'épisode de la Parisina étant parmi les plus curieux, la vue de ce miroir brisé n'était pas sans me causer un très vif intérêt.

Ma confession le frappa, et, de la bouche de cet homme je pus encore recueillir plusieurs détails curieux. Après avoir visité le Palais, nous descendîmes dans les souterrains ; puis, remonté au jour, mon guide s'achemina sans rien dire vers un coin reculé en me faisant signe de le suivre. Il s'arrêta bientôt et me montra sur le sol une trappe à deux battants de bois sur l'un desquels était fixé un anneau de fer. Il saisit cet anneau et souleva les deux battants qui découvraient ainsi les premiers degrés d'une large échelle de bois. A la lueur d'une grosse lanterne, nous descendîmes dans un nouveau souterrain creusé au-dessous du niveau de l'eau des fossés et ne pouvant, par conséquent, recevoir aucune lumière du dehors ; puis, au bout de trois ou quatre pas, le guide fit rouler sur ses gonds rouillés une lourde porte de bois bardée de fer et me fit pénétrer dans un épouvantable cachot.

« Ici, me dit-il, sur l'ordre du duc Nicolas III, fut étranglée la duchesse de Ferrare, en présence de Hugo, son beau-fils et son amant, qui lui-même eut la tête tranchée le lendemain. Dans la nuit qui suivit l'exécution, le corps de la duchesse fut enterré au cloître de Saint-François, dont l'église existe encore. »

Je savais toutes ces choses ; mais j'en appelle, encore une fois, à ceux qui, de leur fauteuil, ont lu tous les détails d'un drame historique et que le hasard ou leur volonté, met tout à coup en présence du lieu où ce drame s'est déroulé ; ils comprendront avec quelle avide curiosité je contemplai ces pierres que j'aurais voulu faire parler !

. . . .

Le jour me parut bon en quittant cette affreuse nuit ! Plusieurs fois je fis le tour du Palais ducal et je continuai mes recherches du côté de l'église Saint-François.

Lorsque j'y entrai, un prêtre achevait sa messe dans une des chapelles latérales. La messe dite, et les rares assistants partis, je pus à mon aise examiner les détails de cette église d'ailleurs fort peu intéressante. Je voulais surtout visiter le cloître et tâcher d'apprendre s'il y restait quelques vestiges de sépultures.

J'entrai donc dans la sacristie où je retrouvai le prêtre, et je lui fis part sommairement de mon désir. C'était un jeune homme assez lourdaud qui paraissait ignorer qu'il eût jamais existé un cloître attenant à l'église.

Un peu de défiance, peut-être, le rendait encore plus circonspect ; cependant je parvins, sans doute, à devenir plus persuasif, car j'obtins ces renseignements, que le gouvernement italien avait fait fermer le couvent de Saint-François, et que les moines qui y vivaient s'étaient éparpillés au hasard, ayant reçu comme viatique une pension de un franc par jour qui leur était servie par l'État. J'appris encore que l'un des plus vieux parmi ces moines habitait à deux pas de l'église chez un particulier dont le nom me fut donné.

Je remerciai le prêtre et me mis en quête du moine.

Je le trouvai au plus haut étage d'une modeste maison, logé dans une unique chambre. C'était un homme très vieux et paraissant porter avec peine le poids de la vie. Renfermé dans une sorte d'indifférence sénile, je crus d'abord que je n'en obtiendrais rien ; mais, peu à peu, à force de respects et d'égards, que l'âge de ce vieillard et son extrême pauvreté commandaient bien naturellement, j'appris de lui que le cloître de son ancien couvent avait, en effet, servi longtemps de lieu de sépulture ; mais que depuis longtemps, aussi, il avait été désaffecté et que le terrain en avait été vendu à un particulier qui y exerçait un commerce de blé et de farine !

Sur les sépultures anciennes, j'appris encore que les personnages de marque étaient inhumés au flanc gauche de l'église dont le mur même formait un des côtés du cloître, et que là, jadis... on pouvait voir le long de ce mur se dresser la pierre tombale des plus grands personnages de Ferrare.

Au moment où l'expropriation du couvent eut lieu, tous les débris de ces supultures furent transportés au cimetière communal, l'un des plus extraordinaires et même des plus étranges de l'Italie moderne.

Je n'avais donc aucune chance de retrouver trace de ce que je cherchais. Néanmoins, je retournai à l'église Saint-François après avoir pris congé de mon interlocuteur, et je pus vérifier l'exactitude de ses renseignements.

La cour intérieure de l'ancien cloître était recouverte d'une construction récente, en fer et briques, formant un vaste hangar où s'alignaient des sacs de farine. Le maître du lieu était là, le nez au vent ; il avait l'air souriant et brave homme ; je l'abordai et l'entretins du cloître ancien occupé par son hangar. Celui-ci, isolé sur ses quatre colonnes d'angle, n'empruntait aucun appui à l'église dont il était cependant l'immédiat voisin ; de sorte qu'entre son gros œuvre et celui de l'église même il restait un espace de un mètre environ, à ciel ouvert et tout encombré de ronces et d'orties.

J'obtins l'autorisation d'y faire quelques pas et ce me fut encore une impression très vive de toucher les pierres de cette église, où ici, ou là, sous mes pieds peut-être, en tous cas dans ce très court espace, avait été déposée la victime du sombre drame dénoué au Palais ducal par le lacet du bourreau !

Il était aussi inutile de pousser plus loin mes investigations, qu'il serait vain de rechercher à Saint-Denis les restes authentiques de François Ier confondus avec ceux des cent quatre-vingts personnages royaux entassés, pêle-mêle, derrière deux énormes dalles noires, perpendiculairement dressées, et sur lesquelles se relèvent les noms seuls... comme dans une chronologie rudimentaire !

De l'être même..., plus rien ; du moins de certitude absolue !

J'allai donc revoir le Palais ducal qui, sous le soleil ardent, gardait le sombre aspect qu'il doit à la patine des siècles et que lui donne encore à nos yeux le souvenir de sa sanglante histoire !

Le soir même je partais pour Venise où, rassemblant mes notes, je commençai à écrire le scénario de *Parisina*.

Il fut achevé en peu de temps ; mais avant de l'écrire définitivement, et surtout d'en commencer la musique, je crus devoir attendre mon retour définitif à Paris pour consulter quelques amis dont le jugement sûr et expérimenté me paraissait nécessaire au seuil d'un si gros travail !

Quelques semaines me séparaient à peine de ce retour; j'attendis donc en m'occupant d'autre chose.

Aussitôt revenu et réinstallé à Paris, j'allai soumettre *Parisina* à ces deux ou trois élus de notre cœur et de notre esprit que nous avons tous et qui, souvent, sont meilleurs compagnons dans la vie que les plus proches parentés !

Ils furent unanimes à condamner mon projet; et je ne pus me dissimuler que leur argumentation, très nette et très précise, répondait à une voix secrète qui se faisait entendre en moi depuis que d'autres travaux commencés avaient tout doucement calmé le beau feu allumé à Rome par des lectures, et si tragiquement ravivé à Ferrare même par la vue de tant de souvenirs encore debout !

La principale objection de mes amis portait sur l'antipathie que le public éprouverait à des scènes d'amour mettant aux prises l'adultère et l'inceste en la personne du fils et de la belle-mère ; car, en appelant les choses par leur nom, Hugo et Parisina n'étaient autre chose vis-à-vis les lois et les conventions sociales de 1430, restées les mêmes pour nous à ce point de vue du moins.

Oui, certes, devant la nature, qui se soucie peu de nos lois et de nos conventions, ces deux enfants pouvaient d'autant mieux s'aimer librement qu'ils étaient, de sang, étrangers l'un à l'autre; mais le duc Nicolas III était le père de l'un et le mari de l'autre !

Là était l'obstacle dans le drame ; — sans quoi il n'y eût pas eu de drame. — Mais la nature de cet obstacle était si spéciale, si délicate, qu'on pouvait admettre comme certaine une invincible répugnance du public à l'accepter.

Ma foi, sollicité par des sujets moins dangereux, et ayant horreur de tout travail qui pourrait être considéré comme un scandale intéressé, je lâchai pied !... *Parisina* alla retrouver dans le haut de ma bibliothèque une paperasserie où je ne m'égare que rarement !... Et je n'y pensai plus !...

Si j'y reviens aujourd'hui, c'est que, récemment, le sujet a été traité au théâtre, sous le titre : *Le duc de Ferrare*. Personne dans le public ni dans la presse n'a paru scandalisé ; d'où il suit que mes amis, au jugement si sûr, et que ma fameuse voix secrète, qui chantait à l'unisson de la leur jadis n'étaient, en somme, que scrupules absolument vains.

Mais, tout de même, je ne regrette pas mon voyage à Ferrare d'autrefois. Je lui dois les très vives sensations d'une pittoresque excursion au pays du rêve, et les jours vécus dans ce pays-là ne sont pas parmi les plus mauvais !

Le fil qui s'était noué en imagination entre Parisina et moi s'est rompu ; c'est comme à un amour défunt que j'y songe aujourd'hui. C'est une fleur oubliée au fond d'un tiroir secret !...

Dans ce pays « d'où nul voyageur n'est revenu », où son âme erre et flotte, peut-être Parisina a-t-elle retrouvé celle de son cher Hugo, et peu leur chaut à tous deux qu'un vivant, dont ils n'ont cure, chante leurs tragiques amours dont les sanglots, oubliés d'eux-mêmes, ne se retrouvent plus qu'aux pages des vieux livres !

MADAME

LA PRINCESSE DE WITTGENSTEIN

MADAME LA PRINCESSE DE WITTGENSTEIN

Au printemps de 1873, à la fin d'un bel après-midi, vers cinq heures, je me trouvais dans l'atelier d'Hébert, à Rome, lorsqu'un roulement de voiture sur le sable des jardins, vint couper court à notre entretien en annonçant une visite.

Le fait n'était pas rare. C'était l'heure habituelle où Hébert recevait les grands personnages de toutes les nationalités qui venaient ordinairement aux soirées dominicales de l'Académie de France. Notre directeur était très aimé de tout ce monde titré, chamarré, où les Altesses et les Excellences coudoyaient les Éminences et les Monsignori.

On frappa à la porte; puis un valet de pied parut annonçant : Son Altesse Madame la princesse de Sayn-Wittgenstein.

Je vis entrer une femme d'un âge déjà avancé qui, dans sa mise, semblait avoir renoncé à toute recherche. Un assemblage indéfinissable d'étoffes de couleurs foncées composait un costume dans lequel il était impossible de démêler où finissait la robe, où commençait le manteau. Le chapeau, très sobre de couleur aussi, était orné d'une plume, attachée là comme par hasard, et que le vent ou les brusques mouvements de la tête agitaient tout à coup en accrochant irrésistiblement l'œil du plus respectueux auditeur!

Les cheveux étaient restés noirs; mais le visage avait pris cette couleur particulière que donne la fièvre romaine; les lèvres étaient minces, les yeux magnifiques, pleins d'éclairs et rayonnants d'intelligence. La main jouait avec un lorgnon d'or et l'appliquait à tout propos devant les yeux, comme le complément d'une pantomime familière. La parole était rapide, mordante; les manières d'une grande hauteur, un peu masculines même. Du premier coup on sentait un esprit absolu, rebelle à toute conversion aux idées contraires, et habitué à juger, sans appel, les grands comme les menus faits de la vie.

C'était bien une Altesse; on aurait pu dire une Altesse *Impérieuse!*

Un portrait de la princesse était commencé depuis longtemps par Hébert à cette époque. Je ne crois pas qu'il ait jamais été fini, car je l'ai vu pendant plus de dix ans sur un chevalet dans l'atelier de Paris. Il est d'une peinture charmante et d'une tournure distinguée, comme tout ce qui sort de la palette du maître; mais il s'est passé tant d'années depuis la dernière séance... que le modèle eût certainement, hélas! fort dérouté le peintre.

Quoi qu'il en soit, ce portrait commencé était un peu la cause des visites de la princesse à l'atelier d'Hébert, à Rome. On cherchait, sans grands résultats, à fixer la date de la prochaine séance de pose, et puis tout de suite on parlait d'autre chose : de philosophie, d'art, de physiologie, de psychologie, du caractère psychique et d'autres thèses à l'usage des gens qui aiment l'art assurément, mais, qui, n'étant pas militants, rêvent d'un art surhumain, inaccessible et si spécial, que rien de ce qui existe ne pourrait en fournir un exemple !

L'espèce n'est pas rare de ces esprits chercheurs, souvent très érudits, très supérieurs, très nobles et très distingués que rien ne peut satisfaire ! L'usage exclusif du sens critique a stérilisé en eux la force créatrice. Ils meurent vieux sans laisser une ligne, une note, ni une ébauche ; mais ils ont, toute leur vie, chevauché sur un Pégase de bois dont ils n'ont pas même soupçonné l'inutile tournoiement.

De temps en temps, une pincée de cela dans la vie d'un producteur, est comme une amusante diversion aux soucis autrement sérieux et vivants qu'entraîne la conception d'une œuvre. Écrire une partition quelle qu'elle soit, est chose plus difficile et plus méritoire que la stérile méditation de toute une existence passée à peser seulement le choix d'un sujet !

Donc ce jour-là, en voyant Mme la princesse de Wittgenstein arpenter en cinq minutes le ciel, la terre, le soleil, la lune, les étoiles, l'art tout entier, et bien d'autres choses encore, avec un tour d'esprit très pittoresque et une éblouissante facilité de parole, je fus pris d'un vif désir de la mieux connaître et de regarder ce qu'il y avait en réalité derrière ces séduisants dehors.

Au bout de deux ou trois entrevues de cette nature, la princesse me fit l'honneur de m'inviter à la venir voir. Je n'eus garde d'y manquer, et quelques jours après je me rendis chez elle.

Elle habitait tout près de l'Académie, à côté de la place d'Espagne, dans la rue *del Babuino*, une très modeste maison dont elle occupait un étage.

On me fit attendre un instant dans un salon assez petit, encombré de mille choses, et presque aussitôt la princesse entra. Elle était infiniment mieux dans son costume de maison que dans celui de la ville. Tête nue, ses bandeaux noirs brillaient comme des ailes de corbeau ; le visage était souriant, l'accueil affable, le geste plein d'aisance et de grâce. Elle était vêtue d'une sorte de peignoir violet, avec de larges bandes de velours noir au col, aux manches et sur le devant. Elle fumait un énorme cigare et, m'en ayant offert un, elle me fit signe de m'asseoir, après s'être laissée engloutir elle-même dans un large fauteuil. Tout près d'elle, sur une petite crédence, une coupe de Chine remplie de thé froid était à la portée de sa main, et de temps en temps elle buvait deux ou trois gorgées comme pour ponctuer son argumentation.

Il y avait deux ans que j'habitais Rome ; je n'étais

plus le Parisien exclusif des premiers jours, ramenant tout au boulevard ou au carillon du mot de la fin. J'avais beaucoup lu et travaillé, beaucoup vu de choses et connu de gens ; en outre j'avais pas mal voyagé et mon horizon s'était fortement étendu par la comparaison de divers esprits visant le même but et l'atteignant souvent par des routes fort opposées.

Cependant les envolées à perte de vue de Mme de Wittgenstein n'étaient pas sans me causer un certain vertige !

Pardieu, je n'hésitais pas à jeter par-dessus bord une bonne partie de ses théories ; mais ce qui en restait était si neuf, si étrange pour moi que je ne fus pas long à me l'assimiler... pour un temps, — jusqu'à cette évolution qui se fait dans tous les esprits et les ramène à leur voie naturelle, fortifiés des enseignements recueillis.

On ne causait pas dix minutes avec Mme de Wittgenstein, sans s'apercevoir que trois musiciens exerçaient une influence considérable sur son jugement. Elle parlait d'eux à tout propos, et dans ses idées, comme dans son langage, on retrouvait le romantisme à panache de Liszt, le romantisme tout court de Berlioz, enfin le romantisme prolixe et dogmatique de Richard Wagner!

Je ne crois pas qu'un rayon de soleil ait jamais percé les brouillards que ces trois grandes intelligences avaient inconsciemment amoncelés dans l'esprit de Mme de Wittgenstein. Elle ne pouvait parvenir à se dégager elle-même des nuageuses théories d'un criticisme outrancier, et dès que l'œuvre la plus longuement pensée commençait à prendre corps, elle s'en désintéressait aussitôt, avec le dégoût de Philaminte pour cette guenille si chère au bonhomme Chrysale.

On ne peut pas classer Mme de Wittgenstein dans la catégorie des femmes auteurs; ni encore moins, lui décocher l'épithète familière qui leur est consacrée! Elle a cependant beaucoup écrit; elle le disait volontiers; mais elle n'a que peu ou pas publié ce qu'elle écrivait. Peut-être, se relisant elle-même, trouvait-elle la réalisation de sa pensée trop au dessous du rêve?... C'eût été la logique de cet étrange esprit!

Quoi qu'il en soit, le salon de la princesse était un des plus curieux de Rome. Tous les remueurs d'idées, de mots ou de notes y étaient bien reçus, pourvu qu'ils fussent de bonne compagnie; on y parlait toutes les langues, et la maîtresse de la maison semblait les posséder toutes aussi, avec une aisance qui tenait du prodige.

Je ne sais s'il est sorti grand'chose de toutes ces discussions; mais il n'y a certainement pas un coin de la terre où l'on ait remué plus d'idées! Le champ était retourné de fond en comble par le va-et-vient incessant de la charrue; et s'il est resté stérile, c'est peut-être qu'on ne lui a jamais laissé le temps de pousser au ciel l'épi de toutes les semences qu'on y jetait à pleines mains!

Ce qui était extrêmement attachant dans ce milieu, c'était d'étudier de près le mécanisme intellectuel de races absolument différentes de la nôtre. Jugées superficiellement, elles peuvent étonner ou ennuyer même ; en les connaissant mieux, elles intéressent et instruisent sûrement.

Dans ces réunions cosmopolites, les faits les plus évidents trouvaient des Trissotins pour les réfuter et des Vadius pour les défendre. C'était la note gaie. On n'eût certes pas été jusqu'à écouter le sonnet sur la fièvre de la princesse Uranie : mais on eût certainement traité de *bourgeois* celui qui aurait eu la simplicité d'appeler un chat : un chat !

Un jour, quelqu'un parla longuement de Judith, recherchant dans le menu les intentions secrètes de sa visite à Holopherne ! Celui-ci disait qu'elle allait simplement (simplement est un chef-d'œuvre) délivrer Béthulie en tuant l'assiégeant. La princesse, qui était très pieuse, ne voyait en Judith qu'un sabre obéissant à Dieu. Interrogé à mon tour, je hasardai que Judith était belle et qu'elle s'était magnifiquement parée pour aller aux tentes ennemies... que, dès lors... l'interprétation des textes était facile... et que...

« Quoi, » interrompit vivement la princesse !
« L'amour, alors ?...

— Dame !

— Ah ! vous voilà bien, vous autres Français ! Toujours l'amour ! Vous en mettez partout ! » Puis, se renversant dans son fauteuil en lançant au plafond une énorme bouffée : « Mais, mon cher Monsieur, il y a des millions d'êtres qui ne se sont jamais occupés de cela !

— Ah ! bah !... »

Quelques gorgées de thé froid mirent fin à l'incident, où venaient se heurter les appréciations les plus opposées et les plus subtiles !

Cependant, j'avais toujours cru, jusqu'à ce jour-là, que Judith était en effet l'instrument de Dieu ; qu'elle voulait fermement délivrer Béthulie ; mais que pour prendre Holopherne elle avait, en veuve pratique, mis une amorce à sa ligne ! Et bien ! le croirait-on, en dépit de la mystique princesse, c'est encore ma conviction !

.·.

Une vie pleine de travail ne me permettait que rarement d'aller faire ma partie dans ce concert d'amateurs bien intentionnés. Néanmoins, mes visites avaient été assez fréquentes pour que, à mon départ définitif de Rome, en août 1874, la princesse voulût bien me demander de lui écrire.

Réinstallé à Paris, l'hiver suivant, je ne sais plus à propos de quoi, je lui écrivis un mot auquel elle répondit ; de là est née une correspondance qui a duré pendant plusieurs années, et dont quelques pages paraîtront sans doute curieuses à ceux qui s'intéressent à l'art musical contemporain.

Je cite par ordre de date :

« Rome, 30 avril 1875.

«... Oui, tous les musiciens se plaignent de leur carrière. Mon pauvre Berlioz n'avait pas assez de son feuilleton pour en dire du mal. Ses lettres étaient encore pleines de médisances et de calomnies à ce sujet. Cependant, je vous en assure, les autres carrières sont aussi un combat de toutes les heures !...

«... Mais voyez, j'en ai toujours voulu à Berlioz, avec qui j'étais si liée, de traiter sa muse en Marie Torne ! (sic) Elle, la plus haute de toutes ! Elle, qui descend d'au delà des sphères d'Uranie, dont la poudre d'or est à peine effleurée par ses pieds ! La musique ? Mais la poésie est de la prose à côté ! La musique qui commence où la parole cesse ! Elle est si grande, la musique, que le sens et le pressentiment si fins des Grecs n'ont pas osé la mettre dans le chœur du Musagète ! Ils y ont seulement introduit ses sœurs cadettes, Euterpe, Érato. Quant à elle, ne sachant où la poser, ils ont eu le bon esprit de n'en point parler, pour ne point en mal parler.

« Les Indiens, le noble peuple, en ont eu un pressentiment moins confus, plus intense. Ils ont su qu'étant l'immanence dans la spiritualité, elle devait pouvoir se dégager tout entière des accidentalités de la matière. Ils croyaient à un chant qui consumait la poitrine dont il sortait !

« La fille d'un roi voulut entendre un de ces chants, et comme elle aimait celui qui pouvait le lui chanter, elle voulut le plonger dans les eaux du fleuve, à côté de sa barque, pendant qu'il chanterait. Il savait que la flamme qui allait le dévorer ne pourrait être éteinte par aucun flot de cette terre ; mais, comme il aimait la fille du roi, il consentit à chanter, et à mesure qu'il chantait, il brûlait, et les vagues du fleuve ne pouvaient éteindre l'incandescence intérieure. Quand la dernière note fut expirée, toute l'âme du chanteur s'était dégagée de son corps de mort et planait dans l'éther ! Éternel accord dans l'éternelle harmonie !...

« Voilà ce qui s'appelle comprendre ce qu'est la musique. Mais, direz-vous, l'exécution ? Quelle bouffonnerie après ce dithyrambe ! Quelle farce après cette ode ! Quelle charge burlesque, après cet hymne ! Mon Dieu oui !... Mais n'est-ce point un peu ce qu'est notre corps à notre âme ? Une colique après un sonnet ! une migraine après un andante ! Un pied foulé après une tête de Madone ! Mais qu'importe ! On oublie pied foulé, migraine, *prima donna*, *primo uomo*, etc.

« Du reste, vous savez cela mieux que moi. Je ne vous le dis que parce qu'il est des choses qui font du bien à s'entendre répéter. C'est comme, par une nuit froide, le passant qui vous dira : « Oh ! il n'y a plus que trois lieues ! » On n'y voit pas entièrement tant on gèle, mais cela fait plaisir !

. . . .

« Oh ! sort trop commun ! Ceux qui sont blonds veulent être bruns, et *vice versa !* Ceux qui ont le présent n'ont pas d'ordinaire l'avenir, et ceux qui ont l'avenir ne peuvent presque pas avoir le présent ! Pourtant on voudrait l'un et l'autre, mais ce ne sera qu'au ciel.

« On a publié sur le *Christ* de Liszt une brochure analytique comme Palestrina et Michel-Ange n'en ont pas encore eu pour leurs chefs-d'œuvre. N'est-ce pas déjà avoir le présent ! Cependant je ne jurerais pas que, s'il y avait à donner une page par exécution, l'auteur ne laissât s'envoler les cent cinquante de la partition une à une ! Cela serait un tort; car la gloire représente dans l'art ce que la sainteté est dans la religion : le lumineux sillon qui doit éclairer les siècles futurs ! »

Comme on le voit, la bonne princesse aimait un peu à prêcher dans ses lettres. Cette caractéristique est bien saillante. Elle se double, comme on le verra encore, d'aperçus très justes et très hauts sur les habitudes courantes du monde musical.

En voici de curieux spécimens :

« Rome, 30 juin 1875.

« ... Bien des vœux pour l'avenir. Tout essai est un échelon; tout succès un gradin. Courage donc et montez toujours.

« Vous parlez de la presse comme d'un premier feu. C'est en effet un baptême de feu qui tue les faibles et fortifie les forts. Ne lui demandez pas des éloges; ne craignez pas ses attaques. Un homme d'État me disait un jour : « On ne devient indifférent aux injures qu'en étant indifférent aux louanges. » Ne vous laissez pas démoraliser par les unes *ou* les autres, mais prenez à la presse ce qu'elle a de vraiment utile : son miroir. Il vous dira si votre *forme* rend exactement votre *pensée*. C'est tout ce dont l'artiste a besoin; ayant à traiter le public comme les mères traitent leurs enfants : avec respect et autorité.

. . . .

« Donc, résumons-nous. La hauteur du but, loin de dégoûter de cette vie, la fait aimer de tout son cœur, car il donne des compensations à tous les ennuis; loin de rendre inhabile, il rend très pratique.

« ... La hauteur du but, loin de décourager, encourage,

parce qu'on sait que, sans jamais atteindre aussi haut qu'on vise, on atteindra d'autant plus haut qu'on visera plus loin!

« Est-ce assez proportionné, assez équilibré, assez clair?

« Cependant vous semblez craindre que le but lointain ne fasse négliger ou oublier *la manœuvre*. Oh! que non! Il empêche seulement qu'on ne s'absorbe dans *la manœuvre*, ce qui, hélas! est souvent le défaut des Parisiens!

. . . .

« Que vous avez bien fait d'admirer votre Dauphiné! S'il faut aimer la mère patrie, ne faut-il pas la connaître? Car, comment aimer ce qu'on ne connait point? Ne craignez surtout pas d'être partial pour votre pays. Une des plus belles conditions de la santé morale de l'homme, est d'être ainsi constitué, que c'est le visage de sa mère et l'aspect de sa patrie qui lui plairont le plus!

« Après le Dauphiné, allez voir la Provence, que je connais et que je trouve si belle! Allez voir les Pyrénées, que je ne connais pas, mais qu'on dit si admirables! Allez voir enfin toutes vos cathédrales, auxquelles j'ai fait des pèlerinages spéciaux sans pouvoir en épuiser la liste : Amiens, Chartres, Rouen, Reims et des etc. sans fin! Quelles merveilles! Et comment un musicien français qui ne pense pas seulement en doubles croches pourrait-il les ignorer?

« Il m'a souvent semblé que l'architecture était, par rapport à la musique, ce qu'un plan est à un édifice : le contour d'un sentiment. Ces deux langages se ressemblent infiniment plus que la parole et le son. La parole est donc essentiellement *limitée*; mais le son est *infini!* L'idée est bornée par tout ce qui n'est pas elle; l'émotion n'a de fin qu'en elle-même.

« Mais, halte-là! Vous me direz que je sombre dans le nuageux allemand! Pas tant que cela! Je m'entends! Et vous m'entendez bien aussi quand je dis que la parole est comme le piedestal du son. Croyez-m'en, moi qui passe ma vie à manier la parole ! C'est la dernière de toutes les manières de s'exprimer ! Le sentiment y doit toujours passer par l'idée ; en musique seulement, le sentiment luit ; il s'affirme immédiatement en lui-même et par lui-même !

« Voilà que je recommence ! Que voulez-vous, c'est la faute de mon espèce ! Cette triste espèce qui ne sait parler qu'avec des mots ! Combien un bel accord ferait mieux mon affaire et la vôtre, vous qui sentiriez et comprendriez du coup sans trouver le moindrement absurdes mes légendes indiennes et mes racontages des bords du Gange ! »

« Rome, janvier 1876.

« ... Dès que vous aurez un moment libre, écrivez-moi quelques mots sur une carte postale. Je ne saurais vous dire combien j'ai envie que vous ayez un succès, là un bon succès de franc aloi ! On s'épanouit, on se sent vivre, on se croit ne plus tenir à la terre, on se voit pousser des ailes qui vous emportent déjà vers les rives lointaines de la grande respiration à pleins poumons et vers les hautes cimes du beau parfait !

« Vous imaginez que je n'ai jamais connu rien de tout cela pour mon compte, en traversant d'anneau en anneau la longue chaîne de tous mes insuccès ! Mais quand je voyais quelqu'un réussir, je me mettais à sa place et j'éprouvais sa félicité bien mieux que si elle m'était arrivée à moi. Je humais tout le parfum de la fleur qui ouvre son calice là-haut, et ma main n'était déchirée par aucune des épines qui hérissent sa tige.

« Quel bon calcul d'être heureux pour le compte d'autrui !

« ... Mais si vous n'avez pas de succès, si vous êtes tombé à plat, — c'est mal dit — si on vous a fait tomber par un élégant coup de Jarnac, ou par un brutal croc-enjambe, ou bien... (écoutez, écoutez) si messieurs les feuilletonistes se sont chargés de vous étouffer sous leurs fleurs fanées et nauséabondes, comme fit Néron à quelques amis — *select friends.* — ah ! c'est pour le coup que nous entamerons les notes basses des satisfactions superbes !

« N'ayant pas en ce moment de chapeau sur la tête, je vous saluerai du bonnet ! Je vous dirai : grand homme, consolez-vous ! Lisez Schopenhauer et ce qu'il dit sur les feux d'artifice ! Il y eut un jour un quidam qui en tira un magnifique. Personne n'applaudit. Il s'étonne, il regarde ; tous les spectateurs étaient aveugles !

« Il veut prendre sa revanche. Il invite des gens de métier, des artificiers célèbres et il se dit : Comme ils vont être surpris et ravis ! A la première fusée tout le monde siffle et fait un tintamarre du diable ! C'est le sort de tous ceux qui apportent à leurs aimables contemporains ou une idée ou une *forme* nouvelle ! Ou ils la montrent à qui n'y voit goutte, ou ils la montrent à qui dit : « Puisque je ne l'ai pas trouvée, je vais la *rouler !*

« Voyez à quelles expressions les romans du jour nous initient ! »

Au moment où parut la *Tétralogie* de Richard Wagner, je reçus cette lettre chaleureuse :

« Rome, juillet 1876.

« ... Vous savez qu'en ce moment beaucoup de gens, quarante millions ou plus, se trouvent dans un très grand état de surexcitation, étant à la veille de la première représentation de la fameuse tétralogie l'*Anneau de Nibelongé*, dirait un Parisien pur-sang. Je vous rappelle qu'on répète depuis le 1er juin et qu'on entendra à partir du 13 août, un opéra tous les quatre premiers jours des trois dernières semaines du mois. Prenez votre courage à deux mains, tentez l'aventure pour la seconde ou la troisième semaine. A peine débarqué du chemin de fer, allez trouver Liszt. Il vous casera bien quelque part au théâtre; vous trouverez bien en quelque lieu béni des dieux un morceau à mettre sous la dent, et quant à dormir... Ah bah! est-ce qu'on y songe à votre âge!... jeune homme... au mois d'août... durant la lune des moissons, quoi de plus tentant et de plus poétique que de dormir à la belle étoile?... d'ailleurs, qui sait si, après tout, on vous laissera vous livrer à ce poétique bonheur?

« Je crains fort que le bourgmestre de l'endroit ne soit pas à la hauteur de si exquises impressions et qu'il ne donne l'ordre à quelque hôtelier brutal de vous prendre sous son toit au nom de la loi! En fait de matelas ce ne sera pas du sybaritisme; mais pour le repos de vos jeunes ans très suffisant.

« Faites, faites cela. Allez, entendez, voyez! De quelque façon que ça tourne (et cela pourrait bien mal tourner), ce sera un grand fait, un grand souvenir, une grande expérience pour tout musicien sérieux qui se respecte.

« Mieux que personne je sais les critiques qu'on en peut faire, comme je connais celles qu'on fait du Louvre et du dôme des Invalides! Le Louvre n'en demeure pas moins le Louvre et le dôme reste le dôme! Une chose grande est toujours un enseignement, fût-elle assez imparfaite pour crouler sur elle-même. Cette grandeur qui n'est encore qu'un rêve tronqué, un effort vain dans un siècle, mûrit pour un autre. Les générations réalisent ce que l'homme a essayé.

« Faites donc cela; allez à Beyreuth. Donnez-vous le spectacle d'un pays entier aux écoutes de son prophète musical! Vous en rapporterez plus d'une émotion que vous payeriez ensuite à prix d'or! »

. . . .

Après la *bataille* de Beyreuth, je reçus les lettres suivantes et je fus bien surpris d'y trouver une appréciation aussi juste des faits de la part d'un esprit qu'on aurait pu croire partial jusqu'à l'excès.

« Rome, septembre 1876.

«... Vous aviez raison de dire que les fêtes de Beyreuth transformeraient le théâtre en un lieu de combat. Oui, on s'est disputé jusqu'à se battre pour de bon !

« Il se passera bien du temps avant qu'un théâtre quelconque fasse voir cette mise en scène curieuse! Pas de loges, pas de lustre, pas de rampe, pas d'orchestre, pas de bruit de portes ouvertes ou autres, pas de sonnettes, pas de bravos, pas de rappels, pas de conversations, pas de rideaux, pas de chœurs; en un mot rien de ce qui caractérise le théâtre moderne.

« Un demi-jour à l'entrée du public, dans un amphithéâtre où chaque place est également en face de la scène que l'on doit uniquement regarder. A une fanfare signal qui reproduit le principal motif de l'introduction que l'on va entendre, l'obscurité se fait; les portes se ferment; un orchestre invisible fait entendre une musique qui s'élève on ne sait d'où; les deux portières qui ferment la scène s'ouvrent et on voit un tableau éclairé à la manière des tableaux peints ou des tableaux vivants, d'un seul côté, avec des arbres grands comme nature (la scène étant d'une hauteur énorme), des perspectives à perte de vue (elle est d'une profondeur immense) et des acteurs immobiles et muets qui restent longtemps ainsi (pendant que le spectateur *écoute* et *regarde*), avant de faire un mouvement ou d'émettre un son !

« Bien certainement *cela* n'est rien pour beaucoup de gens! C'est une tentative de transformer le théâtre en église, d'obliger le public à y venir avec un sérieux et un recueillement capable d'en remontrer à celui des dévots et dévotes de M. le curé ! Aussi cela ne prendra d'abord pas plus pied en Allemagne et en Italie qu'en France! Mais comme après tout le besoin de varier Offenbach et C*ie* se fera sentir çà et là; comme il sera impossible de revenir à Richard, ô mon Roi ! à la Gentille dame, aux Fraîches années de l'enfance de Joseph, etc., etc.; il faudra bien, pour corriger les vices actuels de l'art dramatique, se rapprocher qui plus qui moins, qui en ceci, qui en cela, de cette audacieuse bravade prenant le contre-pied de tout ce qui se fait sur la scène à l'heure qu'il est!

« Ceux qui chercheront (comme le pauvre cher Berlioz, mais plus heureusement que lui) à ennoblir le théâtre, à lui demander de hautes et nobles émotions (dans le genre de la tentative des *Troyens*), devront bien recourir aux moyens indiqués par Wagner d'une manière infiniment trop absolue pour être *ainsi* réalisables. Mais ce qui rendait cette représentation intéressante pour les musiciens, c'était la possibilité de s'approprier à l'avance ce qui, en ces diverses négations et affirmations nouvelles dans le domaine du drame lyrique, pouvait plus ou moins lui convenir, s'adapter à son talent, à son genre de conception et d'exécution musicales.

« A en juger par l'ensemble des impressions, ces représentations resteront uniques. Elles ont coûté un million et demi; un pays ne se donne pas souvent de ces cadeaux; Les sultans et les khédives qui y ont bénévolement contribué ne seront pas tentés de se laisser arracher une seconde fois, par des ambassadeurs courtois et des femmes aimables, des cinquante et soixante mille francs !

« Ce qu'il y a de curieux c'est que ce démocrate enragé (Wagner), ce révolutionnaire radical qui ne craignit pas, pour servir *la cause*, de commettre l'acte de la plus incroyable ingratitude, en se mettant parmi les émeutiers quelques mois après que le Roi eut payé toutes ses dettes, est aujourd'hui le plus attaqué, persiflé, ridiculisé enfin par la presse démocrate, pendant que *les* (au pluriel) Empereurs, les Rois et les princes de la terre font à grands frais tout l'éclat de ces fêtes. Car il n'y avait à peine qu'un intermédiaire insignifiant entre ces Majestés et ces Altesses Impériales ou Royales et le public *spécial* des musiciens de toute arme et des critiques de toute plume, y compris les reporters anglais et américains.

« Les démocrates reprochent amèrement à Wagner que son théâtre n'est que pour les millionnaires; une place coûtant 5,000 francs! Or, comme ce sont messieurs les démocrates qui donnent le ton pour le moment, il faut considérer la mise en scène wagnérienne comme éliminée pour le quart d'heure. Ses imitateurs la feront revenir sur le théâtre du monde petit à petit, en doses modérées, de façon à ne pas heurter de face *toutes* les habitudes du public. Peut-être fera-t-on à cette mise en scène une place à part; peut-être la considérera-t-on comme un genre *spécial*, une branche indépendante de l'art dramatique, adaptée seulement à certains sujets et certaines tonalités de sentiment, comme le serait la haute tragédie.

« Des longueurs et des cynismes insoutenables font aussi un tort mortel aux *Niebelungen;* mais peut-être n'a-t-on pu comprendre que là, toutes les beautés qui peuvent ressortir, je ne dis pas seulement de l'œuvre, mais du style de Wagner. Il n'y a pas de doute que lorsque les beautés arrivent, elles sont de premier ordre, et d'un nouvel ordre! puissantes et singulièrement viriles. Des beautés de Titan à la moelle de lion!

« Je vous en parle si expertement parce que j'ai vu naître toute cette œuvre. Le dernier drame de la *Tétralogie* me fut lu dans sa première forme en 1849, et un volume, dernièrement publié, dit avec raison que la fameuse cavalcade des Walkyries fut exécutée pour la première fois dans mon salon en 1856; il y a juste vingt ans!...

« Maintenant j'ai lu, et l'on m'a écrit des volumes sur les fameuses semaines. Je suis donc plus initiée que qui que ce soit à l'esprit et au fait de la chose! Plusieurs Français ont brillé à Beyreuth. Ceci est fort bien. Car si Wagner avait parodié, raillé, blâmé les Français en premier, il y aurait lieu de lui garder rancune; mais il est venu à Paris comme à une Héliopolis moderne! Il fut ébloui par l'Opéra, il eût donné sa vie pour être au nombre des Gluck, des Meyerbeer, des Lulli, des Cherubini, des Spontini, etc., qui y furent naturalisés. Au lieu de cela, la première fois, il fut au moment d'y crever de faim et la dernière fois il y fut vilipendé, sifflé comme on sait.

« *Dunque*, disent les Italiens, les griefs se contrepèsent, et il est plus simple de ne les faire revivre ni d'une part ni d'une autre — c'est un compte doublement soldé — on l'oublie. »

. . . .

On sera sans doute frappé des curieuses prophéties contenues dans cette lettre. Beaucoup, déjà, ne se sont-elles pas réalisées?

. .

En ce temps-là, je cherchais un poème d'opéra, et ceux qu'on m'avait fait lire, ne m'inspirant guère de confiance, j'en avais avisé la princesse; ses lettres se partagèrent donc entre des appréciations sur le grand événement qui venait de se produire à Beyreuth, et des conseils sur les qualités qu'on doit exiger d'un bon livret.

Comme ceci est surtout d'un intérêt général et se rattache étroitement à ce coin d'histoire musicale, je continue les citations de ces mêmes lettres.

« ... Tâchez de trouver un poète qui abandonne les errements de Scribe, qui ne cherche pas toujours des *situations*; ce clinquant, ce similor, ce strass de l'art dramatique, dont Meyerbeer et d'autres... que je ne veux point nommer nous ont abreuvés à satiété.

« La *situation* est devenue en leurs mains un peloton de ficelles qui n'ont plus de l'art que le nom ! Faites-vous dessiner des *caractères* et peindre des *sentiments*. C'est le canevas dont a besoin la grande musique, la noble musique ! Donner en exemple au public assemblé de grands caractères et le faire sympathiser avec de grands sentiments, telle est la tâche de l'art de l'avenir, l'art sérieux, destiné à remplacer l'art bourgeois, l'art grivois, l'art faux qui défraye toutes les scènes depuis tantôt un demi-siècle. C'est assez. Un genre, fût-il bon, qu'on voudrait déjà le changer ! Jugez si l'on en a envie puisqu'il est mauvais ! »

. . . .

Je n'avais pu aller à Beyreuth. La princesse m'avait écrit une lettre assez mordante au sujet de cette abstention, et je lui en avais répondu une sur le même ton ; protestant, d'abord, de mon admiration sincère pour sa belle et intelligente manière de comprendre et de sentir l'art, et lui faisant part, ensuite, de mon horreur pour la carte forcée. Je lui disais encore que Paris a ce privilège que l'air ambiant y est plein de toutes les semences, et qu'un Parisien en entendant cinquante pages de musique dans un concert, en lisant attentivement une partition, peut se donner à lui-même la vision complète d'une œuvre.

C'est là une des supériorités de Paris, et je ne manquais jamais de le répéter à la princessse en réponse à ses épigrammes sur les Français, qu'elle adorait au fond, et sur les Parisiens qu'elle raillait trop souvent aussi pour ne pas s'en préoccuper beaucoup !

Depuis, j'ai entendu la *Tétralogie*, et l'audition n'a pas changé ma manière de la sentir : j'y ai admiré bien des choses admirables; j'y ai souri à bien des puérilités, et j'y ai bâillé aux « innombrables longueurs » dont parle Mme de Wittgenstein elle-même.

C'est à cette lettre parisienne qu'elle répond :

« Rome, octobre 1876.

« Savez-vous, cher monsieur Maréchal, que je suis bourrelée de remords depuis ma dernière lettre ! Je m'imagine (n'est-ce pas que c'est une pure imagination ?) que vous pourriez avoir *mal pris* ce que j'y disais ? De grâce ne le faites pas. Croyez bien, quoi que j'en dise, que je trouve fort naturel que vous ayez pris vos vacances sans songer à quitter les bords de la mer.

« Je vous ai raconté tout l'écho de cette nouveauté pour vous en faire entendre un faible contre-coup, certes sans reproche aucun.

« Je n'y ai pas été, moi non plus !

« Je ne vous ai point parlé des critiques, car ce jour-là le vent soufflait au beau ; mais je sais bien toutes les critiques qu'il y a à faire ! Il y en a même tant, qu'à mon sens, ce qui survivra le plus, c'est la mise en scène, car elle brise, du coup, des habitudes contraires à l'art, qui font du théâtre un spectacle forain, même à la Scala de Milan, même au San Carlo de Naples, même au grand Opéra de Paris.

« Mais toutes ces réformes-là, brusquement mises ensemble par un seul homme, ne s'insinueront que bien lentement par le travail patient de générations de musiciens et d'auditeurs. A vrai dire, ceux d'Allemagne sont les plus avancés. En Italie, ils n'existent même pas. L'opéra y a allumé ses quinquets quand l'art sérieux y était déjà éteint. Aussi n'entre-t-il seulement pas dans la tête de qui que ce soit d'y chercher de l'art, du grand art. Il suffit d'y trouver du plaisir.

« Mais la musique n'est pas là, Monsieur, pour « faire plaisir ! » s'écrie Berlioz d'un air farouche ! Pauvre Berlioz ! En voilà un qui ne fut pas compris par les siens, tout romantique qu'il était ! Mais avec cela, il avait la flamme au front ; cette flamme qui offusque tant les myopes ! »

. . . .

Elle revient maintenant à l'*idée* de Wagner, et la traite avec une audace, une fermeté que je suis parfois obligé de tempérer par des points, dans mon souci de respecter fidèlement le texte de l'auteur, comme aussi certaines délicatesses du lecteur.

» Rome, octobre 1876.

« ... *La forme !* Oui, mille fois oui.

« La forme, c'est le langage de l'art qui agit immédiatement sur le sentiment de l'homme (j'ai trois cents pages de métaphysique pour prouver cela !) comme la parole est le langage de son intelligence, qui agit immédiatement sur sa raison. L'un agit synthétiquement : c'est là sa grandeur ; l'autre analytiquement, et c'est là sa faiblesse. Voilà pourquoi la parole est fort au-dessous de l'art. Elle décrit, affirme, raconte. La forme porte en elle et communique l'intensité même du sentiment qu'elle exprime.

« Mais il y a forme et forme, et certaines œuvres d'art sont composées de plusieurs espèces de forme.

« Parce que Wagner n'a plus ni duos, ni trios, ni chœurs, etc., cela ne veut pas dire qu'il n'ait pas de forme. C'est une autre forme, comme en architecture le fronton grec est une forme, le portail gothique une autre, le fer à cheval mauresque une autre encore, etc., etc. Reste à discuter la valeur de cette forme.

« Les compétents semblent avoir condamné, *in petto*, la forme propre aux *Niebelungen* (le récitatif chanté) parce qu'on n'a pas le bénéfice de comprendre *les paroles*, comme dans le *recitativo secco*, et qu'on n'a pas la jouissance du chant.

« Voilà pour une espèce de forme.

« Mais il y a celle de l'orchestration, dans laquelle Wagner est tellement passé maître qu'il n'y a qu'à admirer, quand même on ne songerait que du plus loin à l'imiter, absolument comme devant la pyramide de Ghizèh !

« Voilà pour une seconde espèce de forme.

« L'une est spécialement propre à cette œuvre de

Wagner ; l'autre à son génie. Elles exerceront une grande influence sur l'art, nommément sur la partie technique.

« Des tissus harmoniques comme ceux de Rossini (une lâche cotonnade imprimée de fleurs brillantes) deviennent impossibles. Meyerbeer lui-même va passer à l'état de velours de coton, à côté de ce velours taillé en brocart, de satin lustré, de ces gazes vaporeuses « air tissé », etc., etc.

« Mais il y une troisième forme à prendre en considération, et c'est celle-là qui m'intéresse plus que les autres parce qu'elle sera bien plus encore époque et révolution : cette troisième forme, c'est la mise en scène : non dans chaque détail, mais dans son ensemble : non seulement parce que le rideau s'ouvre au lieu de se lever, parce que c'est une fanfare de l'orchestre, non une clochette fêlée du régisseur qui annonce le spectacle, etc., etc., mais parce que toutes ces innovations, si minutieuses qu'elles semblent, contribuent une à une à changer le caractère du théâtre.

« Et voilà encore une fois l'histoire de l'âne de Balaam qui va recommencer !

« Voici comment Wagner est jaloux de l'Église :

« A ses yeux, les hommes sont des fous de prodiguer leur respect et leur recueillement devant les illusions, les... qui constituent les religions, tandis qu'ils souillent de leurs distractions dédaigneuses, de leurs plus bas appétits, de leur sensualité la plus vile, les manifestations les plus grandioses, les plus sublimes de ce que la terre offre de plus grandiose et de plus sublime : le génie se déployant sur un théâtre, et donnant à l'humanité le spectacle d'une autre humanité qu'il crée et anime à son tour !

« De fait, l'idée n'est pas de Wagner : elle est empruntée aux socialistes français qui, après l'*Essai d'une philo-*

sophie de Lamennais, furent les premiers à vouloir opposer le Théâtre à l'Église !

« Seulement en France, le théâtre devint le temple du diable et des sept péchés capitaux ! Le tempérament français ne supporte qu'une austérité dévote, stérile et... ou une exagération exubérante et licencieuse de plaisirs sensuels. L'Allemagne était le bon pays pour inventer un théâtre où il fallait aller comme à l'église, avec la même foi en Allah et son Prophète ! le même recueillement humble et soumis, la même extase envahissant tous les sens ! Là on pouvait exiger que toutes les âmes prennent au sérieux la fiction, et assistent au drame cinq heures durant avec une aussi poignante émotion que s'il était la réalité !

« Ce résultat fut obtenu. Je l'ai vu de mes yeux douze ans durant, lorsque Liszt dirigeait le *Tannhaüser*, le *Lohengrin*, le *Vaisseau fantôme*, à Weimar ! Mais c'était un résultat exceptionnel dû au concours d'éléments exceptionnels.

« Dans cette petite cour où tout le monde se connaissait comme dans un salon, où le génie de Liszt électrisait l'orchestre et les chanteurs au point de leur prêter des forces presque surhumaines, chacun arrivait au théâtre comme à un sermon où il était sûr de s'entendre révéler quelque chose de la Divinité elle-même ! Toutes les respirations étaient suspendues; toutes les poitrines haletantes, tous les yeux humides, etc., etc... Si alors un télégramme eût annoncé qu'une ville, que dis-je, un continent s'était tout d'un coup englouti, on eût chassé avec horreur l'importun !

« Cela dura tant que cela put durer, et rose, cela vécut ce que vivent les roses de cette espèce : l'espace de dix ans — Liszt parti, les régnants morts, les vieux de la vieille dispersés, etc., tout finit comme un feu d'artifice éteint ! Mais j'ai compris ! Et voilà où va reparaître mon âne de Balaam : Wagner, comme le prophète des faux dieux, était parti du pied droit pour maudire l'Église..... et il la bénit malgré lui parce que le théâtre, comme il le rêve, n'est pas autel contre autel : c'est l'autel laïque auprès de l'autel sacerdotal, si l'on ose dire ! Nous, de l'Altenbourg, qui de tout l'auditoire de Weimar étions les seuls catholiques, les seuls croyants peut-être, bien sûr les seuls fervents, nous étions les plus recueillis, les plus touchés, les plus émus. Et moi, qui dans le groupe étais certainement la plus mystique, j'étais la plus *Lohengriniste*, puisque sans moi *Lohengrin* n'eût probablement pas vu le jour alors ; ce qui est une histoire à part !

« Comprenez-vous maintenant pourquoi j'attribue une partie infiniment plus considérable à la mise en scène qu'à l'œuvre de Beyreuth ? L'œuvre est une œuvre; comme une cathédrale est une cathédrale. Il y en a de moindres, il y en a de plus parfaites. L'un préfère celle-ci, l'autre celle-là. Mais le grand fait, que je voudrais appeler mondial ou séculaire si vous voulez, c'est la protestation systématique contre l'avilissement de l'art scénique, par les excitations de la luxure, sur la scène et, dans la salle, par sa dégradation en lieu de digestion, en..... déguisé en bourse de chair humaine, etc. C'est la prétention de faire du théâtre et nommément de la scène lyrique, un lieu d'élévation morale, de hauts enseignements poétiques, de sublimes pitiés et de sublimes aspirations ; en un seul mot tout ce que Corneille voyait devant son âme quand il écrivait ses tragédies.

« En cet état de choses, le mérite de la pièce qui est l'occasion de cette protestation est chose fort secondaire, comme l'organe de l'homme qui proclame une malédiction sur un passé afin d'évoquer tout un avenir !.....

« Wagner croit toujours enlever à l'Église (je dis Église :

temples, mosquées, synagogues, n'importe) tous les spectateurs enragés qu'il racole et enferme à double tour dans sa salle, ne leur permettant de prendre l'air que de deux heures en deux heures.

« Là est son erreur !

« Ces spectateurs enragés tomberont un à un dans la tombe comme des feuilles d'automne ; d'autres générations naîtront et reprendront, non pas les *Niebelungen* (œuvre tellement spécifiquement tudesque, que les Allemands eux-mêmes s'avouent n'être pas assez érudits pour s'y intéresser). Non, ils reprendront l'idée pacificatrice et régénératrice du théâtre. Et *alors !*... Plus il y aura de spectateurs recueillis, sérieux, d'un noble esprit, de profonds sentiments, qui iront admirer au théâtre ce qui est beau, ce qui est pur, ce qui est héroïque, ce qu'il y a de divin dans l'homme, et plus il y en aura qui iront après cela à l'église adorer le Créateur de toutes choses, en qui réside l'absolu du Beau, du Bien, du Sublime !

. . . .

« Et voilà une longue lettre ! Croyez-moi, elle vous en dit plus sur le fond de ce mouvement que bien des volumes !

« Feuilletons et brochures s'occupent chacun des petits flots qui composent le courant. Qui, observe celui-ci ; qui, décrit celui-là. Personne ne se demande où va le courant ; et s'il y en a qui le savent, ils ne le disent pas comme moi. »

. . . .

En 1876, on pouvait encore se demander si Wagner était vraiment le point de départ d'un art nouveau, si ses qualités extraordinaires feraient souche, ou si ses énormes défauts lasseraient le public au point de le ramener à des formes musicales plus simples.

Cette dernière croyance était celle de Gounod. Je faisais part à la princesse de ce doute, et voici sa réponse, débarrassée de toutes les considérations métaphysiques dont l'usage lui était familier jusqu'à l'abus !

« Rome, février 1877.

« ... Quand, donc, une phase de l'art disparait, c'est pour qu'il en vienne ensuite une plus belle. Après les temples d'Égypte, les temples de la Grèce ; après Phidias, Michel-Ange ; après Palestrina, Beethoven, etc., etc.

« Mais le Parthénon reste à jamais le sommet idéal d'une hauteur dépassée, non anéantie ; Phidias reste le roi de l'antiquité hellénique à côté de Michel-Ange ; Palestrina ne cesse point d'être le héros de son temps, si haut que Beethoven ait pris son vol !

« A côté d'eux, tous ceux qui pressentaient l'*avenir* (c'est-à-dire le tournant de route qui allait survenir ; la nouvelle ascension) restent toujours ; tandis que les épigones essoufflés et malingres qui courent après ceux que le couchant enveloppe dans ses voiles, tombent pour la plupart dans le gouffre de l'oubli !

« Gœthe l'a bien dit dans un distique, dont je ne me souviens pas exactement, mais dont la pensée est : Qui fut entre les précurseurs de son temps, a vécu pour tous les temps ! »

. . . .

Cette théorie est évidemment la seule bonne, si l'on considère qu'au théâtre depuis trente ans les opéras se rattachant au passé, comme *Polyeucte*, le *Tribut de Zamora*, *Françoise de Rimini*, etc., n'ont pas eu de lendemain ; et que ceux-là, au contraire, ont triomphé, qui se relient plus ou moins au mouvement en avant : le *Roi d'Ys*, *Sigurd*, etc.

.·.

Il est à peine besoin de dire que cette correspondance avec Mme de Wittgenstein n'occupait pour moi que de rares loisirs. Elle m'intéressait beaucoup cependant par sa très particulière saveur, et aussi par tous ces souvenirs si étroitement unis au mouvement musical que nous traversons.

A peu près tous les deux mois, j'écrivais une lettre d'une feuille ou deux et je recevais dans l'intervalle des réponses variant entre douze et quinze pages !

Du général on en était venu au particulier et, un peu malgré moi, la princesse m'avait fait consentir à lui communiquer le plan du travail qui m'occupait à cette époque. Je dis : malgré moi, car si les doctrines de mon éminent correspondant me découvraient des coins de ciel auxquels je n'eusse peut-être pas songé, elles étaient du moins impuissantes à me donner un conseil pratique.

Je le répète, et l'on a pu déjà le constater, ce curieux esprit ne se plaisait que dans ces altitudes où l'air cesse d'être respirable à ceux qui veulent monter, sans doute, mais sans perdre de vue, cependant, le sol où leur idéal prendra racine.

Mme de Wittgenstein a rêvé toute sa vie d'un opéra tellement parfait que le bon Dieu seul serait capable d'en écrire la musique ! Les maîtres que nous admirons tous ne lui fournissaient qu'une miette de satisfaction, par-ci, par-là ; elle souffrait beaucoup plus des défauts inhérents à toute production humaine qu'elle ne goûtait les plus grands éclairs du génie.

Je savais si bien cela que, simple petit soldat de plomb devant l'artillerie de la princesse, je n'étais guère tenté de voir mes meilleures intentions devenir la cible certaine d'une argumentation prévue ! Cependant je sentis aussi qu'un refus prolongé eût pu devenir blessant, et je ne voulais pas du tout chagriner mon docte correspondant !

J'envoyai donc un jour une sorte de *scenario* rapide de l'ouvrage où j'étais attelé. Ce fut une joie pour la princesse. C'était un jouet nouveau. Elle s'en délecta et ne manqua pas d'exercer toute sa verve sur l'abomination de la désolation dans laquelle elle voyait tomber le théâtre moderne !

Bien entendu ces pages, dans le détail, n'offriraient aucun intérêt pour le lecteur ; j'en extrais donc, comme toujours, ce qui se rattache à des appréciations d'ensemble.

« Rome, avril 1877.

« On ne saurait lire une lettre avec plus de plaisir que je n'en ai eu à parcourir vos premières pages ! Sans posséder l'esprit des « Bourguignons », j'avoue que je le goûte énormément quand on en fait pour mon usage particulier.

« Mais savez-vous ce que veulent dire ici les « Bourguignons ? Je gage que non. Vous êtes trop jeune, trop enfant de votre siècle. J'aurai donc le petit plaisir que je savoure, croyez-le, de me trouver plus Française qu'un Français ! Je le dois à mon *éducatrice* : une Bretonne bretonnante de grande famille ! »

— — — — — — — — — — — — — — — — — —

Suit la définition du mot *Bourguignon* dans le sens de : essaim d'étincelles.

Elle reprend au sujet du *scenario* envoyé :

« C'est très gentil à vous de me l'avoir si bien fait. C'est comme un livret. Je vois tout d'ici, je suis tout, je comprends tout. C'est joli, c'est vivant, c'est mouvementé. Quand vous y aurez fait une musique charmante, cela aura tout le succès d'une rose qui s'épanouit.

« Pourvu que cela en ait aussi la durée : l'espace d'un matin !... je veux dire de cent soirées.

« Cent soirées ! Peste, penserait l'un. Mais après cent représentations, le directeur nous donne à dîner ! Cent soirées !... Mais que diable veut-on de plus ?

« Eh bien ! non. Quand ma vieillesse s'intéresse aux jeunesses, elle leur veut plus de bien que cela et dédaigne les épitaphes à la Malesherbes !

« Je n'ai rien, absolument rien contre votre poème, si vous avez l'*astro-poético* et la bonne veine pour le composer. Mais ce que je redoute, c'est le genre. Le genre qui transporte sur la scène le *pittoresque* à la place du *poétique*.

« Vous ne comprenez pas ?

« Le pittoresque, c'est la couleur locale, dont les peintres eux-mêmes ont fait un tel abus qu'on en vient à souhaiter des drames et des tableaux sans autre décoration qu'un fond perdu, comme au temps de Shakespeare.

où une bonne toile grise servait à toutes les scènes. On changeait seulement l'inscription qui disait : ceci représente cela ou cela !

« Pourtant j'aime le progrès, j'adore le progrès. La décoration est en progrès et aussi la couleur locale ; mais s'il en faut, pas trop n'en faut. S'il faut de la sauce, il faut du poisson, et quand, à force de pittoresque, d'accessoires et de piquants détails, je ne trouve plus un malheureux morceau à me mettre sous la dent, je... je... je continue à avoir faim ! Ah ! le poétique, c'est précisément ce qui ne se voit pas, ne s'entend pas, ce qui vit et palpite au fond des cœurs seulement ! Le poétique, c'est l'âme de chacun, c'est son sentiment qui est tel et pas autre. C'est par conséquent le caractère des individus mis à nu.

« Il y a une musique *pittoresque* comme il y a une peinture pittoresque.

« Cette musique a un peu beaucoup de rythme, un peu tout court de mélodie, un peu pas du tout d'harmonie et moins que rien de caractéristique ; mais elle s'entortille dans l'oreille, à travers tous ses plis et replis acoustiques, comme une couleuvre, et chaque « gandin » comme chaque manant peut l'emporter dans sa poche, la siffloter gaiement au sortir du spectacle.

« La musique *poétique*, celle qui peint les passions avec toute leur intensité et toutes leurs nuances, ne fait que traverser lentement le tympan sans s'y loger aussitôt, pour aller à l'âme humaine et y demeurer des siècles.

« Celle-là n'a rien à faire avec la mode. On peut l'oublier, on peut l'enterrer, mais à peine revue, à peine ressuscitée, elle exerce son prestige comme au jour de sa naissance.

« Toutefois, nous ne parlons pas musique ici ; nous parlons livrets. Il y a cependant cette ennuyeuse chose à prendre en considération, que le livret détermine la musique. On ne peut pas chanter autre chose que ce qu'on dit, ni faire dire à l'orchestre autre chose que ce que l'on chante.

« Or, pour parler livrets, je cite volontiers un morceau des *Essais* de Liszt, qu'il publia il y a vingt ans de cela. Liszt fait au sujet de Meyerbeer (dans tout l'éclat de sa gloire, alors) une courte digression sur les formes subies par l'opéra, qu'il divise en trois époques :

« L'opéra de *sentiment*, dont Cimarosa et Métastase furent les types les plus saillants ; l'opéra à *situations* (pittoresque), dont les grands représentants furent Scribe et Meyerbeer ; l'opéra à *caractères*, dont le premier initiateur fut Gluck et le grand continuateur Spontini, le plus grand après Wagner.

« Il va sans dire que le génie de Rossini ne fut point oublié. Il a sa place à part. Mais quand il voulut sortir de la musique spécifique (ce que j'appellerais volontiers la musique Renaissance) en faisant un grand opéra, il se rapprocha plus de Gluck que de Meyerbeer.

. . . .

« *Dunque*, sentimentalité qui, faute du ferment de la passion, dégénère en fadeur après avoir passé à travers toutes les phases de la gentillesse, d'une douce ou brillante sensualité, et avoir eu çà et là de beaux et nobles accents.

« Pittoresque des *situations* bizarres, piquantes, impossibles ; fond mouvant sur lequel se détachent quelques scènes heureuses ou poignantes, où il ne s'agit plus de charmer les fibres molles des sens, mais d'amuser les yeux et les oreilles, d'intriguer la curiosité, de frapper l'esprit par l'accidentel, et en imposer par le papillottement de l'art.

« Aussi remarquez cette curieuse analogie entre Meyerbeer et Delaroche qui, je crois, ne se connaissaient pas.

L'un ne fait pas un tableau sans quelque trait ou quelque contraste anecdotique. Dans l'*Élisabeth*, c'est la reine qui meurt couchée par terre ; dans *Jane Gray*, ce sont tous les yeux dont les regards se détournent du spectateur ; dans *Cromwell*, c'est le buffle râpé qui trahit l'origine du héros ; dans le *Duc de Guise*, c'est le roi poltron regardant par la porte « s'il est bien mort » avant d'entrer ; dans *Strafford*, ce sont les deux mains sortant des barreaux, etc., etc., qui déterminent la *pointe* du sujet.

« Aussi semblent-ils affreusement bêtes les peintres qui croient imiter le *genre* : ils n'ont jamais la *pointe*.

« Dans Meyerbeer, c'est la danse des nonnes, le rameau enchanté, Alice sous la croix, Robert entre l'ange et le démon, les baigneuses, le cheval de Marcel, le rataplan, le duo du Massacre, les patineurs, le briquet, la scène magnétique, la lumière électrique, le pont du vaisseau, le mancenillier, etc., etc., qui déterminent le « great attraction » de l'œuvre. Cela n'empêche pas que le tissu musical ne soit très serré, très richement brodé, parfois d'une belle coupe et parfois d'un grand éclat et d'un grand air ; mais ce n'est pas l'essentiel. L'essentiel, c'est la *pointe*.

Dans le drame à caractère, rien de tout cela ; rien pour la sensualité proprement dite ; rien de *fait exprès* pour les yeux, quoique tout l'organisme acoustique puisse être mis en extase et toutes les pompes des derniers dessus et des derniers dessous du théâtre mises en réquisition. Mais l'accessoire y demeure accessoire, et, quand un théâtre n'a ni dessus ni dessous, on s'en passe.

« Aujourd'hui, à Rome, il s'est formé une société qui exécute la *Vestale*, *Fernand Cortez*, la *Médée*, etc., à la manière des concerts. Les solistes chantent en costume de ville, dans les oratorios, et le chœur placé sur les gradins fonctionne de même.

On y fait foule, on admire, on paye, *è l'entusiasmo che paga...*

« Figurez-vous *Robert le Diable* sans décors ! le *Prophète* sans cathédrale ! etc. . . . .
. . . .

« Pour le dire en parenthèse, il est étrange que Wagner, qui a commencé par proclamer à grands cris l'avènement de l'opéra à caractères se rattachant à Grétry, à Méhul, à Weber, etc. qui faisait bon marché de *Rienzi*, un premier pastiche Meyerbeeresque, ait fini par planter là le caractère, le vrai caractère ; car je ne nomme pas un caractère une mélodie caractéristique qui ressemble à ces légendes que les vieux peintres faisaient sortir de la bouche de leurs personnages avec leurs noms !..

« Ni l'*Euryanthe*, de Weber, ni la *Médée* de Cherubini, n'avaient la mélodie caractéristique, et ils ont diablement de caractère ! Cela vous serre le cœur comme dans un étau ! Cela vous remue les entrailles ! Cela faisait dire encore à Berlioz : « Monsieur, la musique est là pour donner la fièvre ! »

« Wagner a fait de cette musique-là et il s'est fait grand par elle ! Puis, tout d'un coup, ou plutôt non, tout doucement, « il en est revenu à son vomissement » pour parler avec l'Écriture. Les *Niebelungen* sont, au fond, du Meyerbeer en grand, en très grand ; autrement et à rebours. La part du peuple était faite par Giacomo M. à la parisienne ; elle est faite par Richard W. à l'allemande ! Dans l'un c'est toujours de la moutarde !

Mais ne craignez pas que je dise jamais un mot, que je commette une indiscrétion en parlant autant ! C'est la nouvelle méthode des diplomates, dit-on. Je ne suis pas diplomate, je suis femme ; et j'ai eu plus d'une occasion de m'apercevoir que la discrétion des diplomates est une mauvaise plaisanterie à côté de celle des femmes, quand les femmes sont des femmes... de bon aloi. Soyez donc bien tranquille pour votre sujet !

. . . .

« Vous m'avez fait *extrêmement* plaisir par vos premières et dernières pages. J'ai tant fait, arrangé, retouché de livrets, de scènes, d'opéras, d'opérettes, etc., durant douze ans que je me recrois *negli tempi passati*, quand je me retrouve un peu de cette pâte à manier ou plutôt à goûter, à déguster. Votre affectionnée ».

Cette histoire de livret me valut des volumes de la part de la princesse. Elle était incapable de comprendre que ce qui détermine souvent un musicien à écrire une partition, est un je ne sais quoi qui échappe à l'analyse : une scène capitale, une pâte générale qu'il sent, qui l'attire et le décide.

Elle voulait tout expliquer, tout peser avant le premier accord. Ce n'est pas ainsi qu'un compositeur procède. Il s'userait sur le poème avant d'y mettre sa musique, et quand celle-ci viendrait à son tour, elle sortirait fatalement d'une plume lassée jusqu'au dégoût.

Les esprits comme celui de Mme de Wittgenstein, si supérieurs cependant, ne peuvent exercer leur activité que sur les faits accomplis. Jamais ils n'attraperont eux-mêmes le petit papillon bleu après lequel courent tous les artistes. Pendant qu'ils vont chercher le voile vert au bout de la canne, le casier étiqueté et l'épingle qui doit fixer l'insecte divin, celui-ci est déjà loin !

Dans une autre lettre, la princesse définit le fameux *caractère* et en profite pour faire le procès des *Huguenots*.

Rome, mai 1877.

. . . .
« Les situations ne sont pas la seule chose qu'on puisse juger dans un *scenario*. C'est le *poème* qui fait les *caractères*. Car qu'est-ce qu'un caractère ? C'est la *conséquence* dans une grande volonté, une grande passion, une petite volonté, une petite passion, selon le personnage.

« La *conséquence* jusqu'à la mort fait le héros et le martyr d'une belle cause. La *conséquence* dans une passion donnée fait un caractère d'ambitieux, d'avare de jaloux, de tyran, de créature dévouée, etc. Là où les personnages n'ont pas l'occasion de montrer une *conséquence volontaire*, il n'y a ni caractères ni véritable intérêt poétique. Les situations et les passions se suivent comme les décorations, sans plus d'enchaînement. Je ne veux pas dire pour cela qu'il n'y ait absolument aucun fil, mais la trame est si invraisemblable, si *fantastiquée* ; les fils se meuvent si rarement dans les profondeurs du cœur humain que personne ne les prend au sérieux. »

J'avais dit dans une lettre qu'on pouvait bien chercher à côté du mysticisme et qu'un drame humain avait bien sa valeur.

« Non, non, mille fois non, je ne vous conseille pas le mysticisme : la chose individuelle, la plus spontanée, quand elle n'est pas une vocation, c'est-à-dire un appel d'en haut !

« On ne conseille pas plus le mysticisme qu'on ne conseille d'avoir une coudée de plus. Je ne vous conseille que le *genre noble*, comme dit le bourgeois. Le genre qui se passe de la frime du directeur, et donne une musique qu'on écoute cinquante ans plus tard, au salon, sans costumes ni décors aucuns.

« Meyerbeer, direz-vous, en a fait ? Oui et non. Sa musique est « diablement corsée ! » Excusez le terme du métier. — On peut être fier quand on en fait de la pareille, voire même *moitié bon teint* de cette espèce : mais tout cela était de la musique de *situations*. — Qui peut nier la puissance de la *Bénédiction des poignards*, et le fameux duo de Valentine et de Raoul que Nourrit exigea sous peine de ne pas chanter le rôle ?

« Et pourtant où sont les défenseurs de la patrie, d'une cause quelconque qui prennent le chœur du quatrième acte comme signe de ralliement ? Il y a des voix qui chantent ; mais le cri du cœur manque. Où sont les grandes et belles âmes qui se retrouveront jamais en ce duo, dans toute la limpide clarté de leur grand amour ?

« C'est une situation tourmentée, c'est une passion violente ; ce ne sont pas des caractères. Et la preuve c'est qu'il ne reste plus un chat dans la salle pour voir Valentine et Raoul se marier. On a *vu* la situation, qu'importent les personnages ? Tandis qu'un Hottentot peut, seul, ne pas assister au dernier adieu de Lohengrin, au dernier soupir de Tannhauser ! Parce que là, les individus sont des caractères, comme dans Corneille ou dans Shakespeare ! »

. . . .

Parcourant la gamme complète des sentiments qu'on peut mettre musicalement au théâtre, depuis les amours tragiques des héros d'opéras jusqu'aux amourettes des plus humbles personnages de l'opéra-comique (ceux du *Châlet*, par exemple), la lettre s'arrête fort spirituellement sur ces derniers.

« ... Le torrent et le ruisseau, pour mieux dire, le fleuve et le ruisseau, me plaisent d'autant plus que j'adore les petits, petits ruisseaux, comme les petits oiseaux, les petites fleurs qui les encadrent, la fraicheur de leur limpidité, le doux gazouillis de leurs petits baisers toujours furtivement donnés à leurs petits cailloux et à leurs petites rives verdoyantes !

« L'églogue ? Je suis pour l'églogue, pour l'idylle, pour la pastorale ! Pourvu qu'on en fasse sans tomber dans le bourgeois. Je ne suis pas non plus contraire au bourgeois, Dieu m'en garde ! Le bourgeois, c'est très nécessaire dans la vie sociale, et cela peut même trouver sa place dans l'art; mais, rarement !

« Le bourgeois, est comme un excellent beefsteack, aux anchois, aux œufs et au macaroni. Veuillez croire que je l'appréciais fort au beau temps de ma jeunesse, où au lieu de ma vie si sédentaire d'aujourd'hui, je passais huit heures du jour à cheval; si bien qu'un de mes chevaux en est devenu fou ! Mais imaginez-vous un beefsteack servi à un repas de noces ou à une soirée dansante ?

« Or, l'art est bien un peu le repas de noces de la terre et du ciel; la soirée dansante où toutes les âmes s'en vont, avec la ronde des astres, tourbillonner dans le monde de l'idéal, à travers les champs bleus de la poésie !

« S'il n'y avait pas d'art, il n'y aurait pas de poésie, la poésie étant un art; et s'il n'y avait pas de poésie, autant vaudrait que l'homme cesse d'élever son front vers l'infini. Il pourrait aussi bien marcher à quatre pattes !

« Pour ce qui est des pauvres, des classes laborieuses,

j'ai tant de vif amour à leur endroit que si j'écrivais des livres qui fussent bons et pas ennuyeux, ma plus grande ambition serait d'être imprimée sur du papier gris et vendu à cinq sous le volume !

« Cependant je ne crois pas que l'entente doive se faire sur leur niveau ; elle se fera un jour sur le nôtre, car c'est là que tend le progrès.

« Si donc vous pouvez découper une églogue, une idylle dans quelque livre de ce genre, tant mieux : faites. Je regretterais seulement que vous mettiez des point d'Alençon à une cotonnade ; *ossia*, de la belle et bonne musique à quelque histoire embourgeoisée !

. . . .

« Le duc de X... disait une fois pour se débarrasser d'une souscription à un atlas : « Moi, je ne crois pas à la géographie ! »

« Je reprends le mot et je dis : Moi je ne crois pas aux conseils. Ils sont comme les souvenirs qu'on n'envoie qu'à ceux qui n'en n'ont pas besoin. Le conseil ne sert qu'à celui qui peut s'en passer !...

«... En fait de polémique, j'aime l'art pour l'art, et la dispute pour la dispute. La pierre frappe l'acier et les étincelles jaillissent ! j'ai fait cela la nuit, à cheval et je vous assure que c'est très joli...

«... Mais revenons à nos moutons. Vous dites très justement : « Il ne s'agit pas de la hauteur des sommets que « chacun gravit ; l'essentiel est de monter autant qu'on « peut. »

« Bravo ! nous voilà d'accord. Avec cela faites de l'églogue tant que vous voudrez. Oui, cher artiste, on fait comme on peut ; c'est-à-dire le mieux qu'on peut pour soi et ses petits-enfants, ou « petits-neveux », noms familiers de la postérité. Et puis, on lui laisse le soin de nous classer et de nous catégoriser. C'est la bonne méthode. Ne pas vouloir lui faire son jugement à l'avance ni le lui octroyer, mais aussi ne pas l'oublier !...

. .

Après cette boutade et cette excursion dans un coin de l'art qui lui est antipathique, la princesse termine sa lettre et la rouvre le lendemain pour reprendre :

« Ne prenez pas le mythe pour la féerie. Le mythe est parfois tragique comme celui de Pandore, de Prométhée, de Psyché, etc. La féerie est une manière d'apologue dont le sens s'évapore souvent sur la scène, voire même dans le populaire, pour ne laisser que des cabrioles décoratives.

« Je n'ai rien contre l'opéra historique, dramatique idyllique, lyrique, etc., etc. Le mythe a seulement l'avantage d'offrir des caractères et des situations où sous des noms donnés, chacun se retrouve plus ou moins. Dans les sujets à sentiments profonds, à passions fortes, le mythe prête une forme à l'accidentalité de la couleur historique; cela se passe bien ici ou là, mais cela importe si peu, c'est si accessoire !

« Mettez *Lohengrin* aux Indes, *Freyschütz* en Italie, le *Vaisseau-Fantôme* sur la mer Noire, cela sera toujours la même chose; l'essentiel, c'est la manière dont le sujet est traité dans l'opéra. Dans *Richard Cœur de Lion*, toutes les fidélités, tous les dévouements au malheur se retrouveront avec attendrissement; dans le *Barbier de Séville*, on retrouve éternellement les jeunes filles amoureuses et les Géronte ridicules. Voyez le *Fernand Cortez* de Spontini et le *Rienzi* meyerbeeresque de Wagner; *Cortez* demeure un chef-d'œuvre; personne, pas même les républicains, ne s'intéresse à *Rienzi* ! Dans l'un, on trouve l'écho de grands sentiments; dans l'autre, on ne voit que l'extérieur d'un fait passé, et très passé dont nul ne se soucie !

・ ・ ・ ・ ・ ・ ・ ・ ・ ・ ・ ・ ・ ・ ・ ・ ・ ・ ・

On venait de donner le *Roi de Lahore* à l'Opéra. La princesse rouvre une seconde fois sa lettre pour y glisser un compte rendu de journal parisien, dont elle souligne au crayon les critiques sur l'abus de la décoration du théâtre.

Eh bien ! et la *Tétralogie*, et *Parsifal* ? Il me semble que cela ne se joue pas devant un simple paravent !

・ ・

La princesse m'écrit alors pour me demander les causes d'un long silence et je les lui donne. Je reçois alors les bonnes et affectueuses lettres que voici :

« Rome, octobre 1877.

«... Je vous estime fort de vous être mis si bravement au bon remède : le travail, que pour cette fois nous pouvons bien appeler l'idéal !

« C'est là le beau de l'art; c'est qu'à ceux qui lui demandent un refuge, il donne le ciel ni plus ni moins ! Le travail n'est qu'un dérivatif : qui vous le dit le sait; mais l'art, c'est une compensation ! Pourtant il faut encore une bonne dose d'énergie virile, pour mieux dire, humaine (de celle que n'ont ni le cheval ni le mulet, auxquels il faut mettre le mors et la bride, comme dit le Psalmiste), pour se hisser jusqu'à la branche où nous sourit, légèrement appendue, cette fleur idéale qui compense toutes choses, hormis celles que Dieu seul peut composer. Mais ceci n'est mentionné que pour mémoire.

« Donc, vous vous êtes occupé de votre partition et je vous en félicite doublement. C'est d'un *homme* et d'un *artiste*. Hélas ! les artistes sont si rarement des hommes, dans le seul sens du mot qui vaille la peine d'être compris ! Il serait si grand temps qu'il en soit autrement ! Si vous êtes de ce temps nouveau, je m'en réjouis jusqu'au fond du cœur, car l'art, c'est ma vraie passion, c'est ma vraie spécialité ; et si vous saviez ce que je souffre à le voir sans cesse changer de masque avec la saltimbanquerie.

. . . .

« Voilà donc que votre partition s'imprime. J'en suis aux anges en me disant tout bas : A quelque chose malheur est bon ! Mais pourquoi dois-je attendre l'imprimerie pour la recevoir ? Pourquoi n'écririez-vous pas à votre éditeur de m'envoyer les épreuves ? Est-ce que Châteaubriand ne corrigeait pas de fond en comble sa vingt-cinquième (je dis 25e) édition d'*Atala ?* Que vous allez sourire ! « La Princesse ne va pourtant pas s'imaginer de lire note à note ma partition », penserez-vous ? Mais j'ai qui lira pour moi. Liszt est à Villa d'Este (Tivoli), et cela l'intéressera infiniment. »

.·.

Un peu de Liszt.

J'étais encore resté quelques mois sans écrire ; mais dans l'intervalle j'avais envoyé une partition nouvellement parue ; je reçus bien vite ce mot :

« Rome, janvier 1878.

« Je ne veux point que vous ignoriez tout le plaisir que m'a causé votre partition. Rien qu'à sa vue, à sa couleur bleue, j'ai compris toutes les émotions bleu céleste et colères bleues qu'elle vous a values et coûtées.

« J'espérais y jeter un coup d'œil d'un jour à l'autre. Mais voilà un gros événement, qui ne me touche en rien, qui met tellement les esprits à l'envers, que je ne puis obtenir une heure de mon accordeur pour rendre un peu de souffle à mon piano, éteint depuis le départ de Liszt. Si je pouvais vous dire *quelles* compositions récentes il a chantées et déclamées cet automne ! Le génie de Liszt monte toujours plus haut ! Pourvu que sa santé ne l'abandonne pas !

« Prenez donc patience avec moi, cher monsieur Maréchal. Sachez que votre partition a été accueillie dans mon cœur, à cœur ouvert, et quand j'aurai levé les scellés et *entendu* (je ne sais, hélas ! pas écouter la musique des gens), je vous en parlerai en attendant que je vous dise ce que Liszt en pense, à son retour cet été.

« Vous aurez mon sentiment et son opinion. D'ordinaire, ils se fondent si bien qu'il nous est arrivé d'exprimer sur une musique notre commune pensée, par hasard, avec le même mot qui l'avait caractérisée il y a vingt-cinq ans de cela !

« Alors nous étions trois à la connaître: Wagner, Liszt et moi. Aujourd'hui les deux hémisphères s'en abreuvent. »

. . . .

« Si, comme on le dit, Liszt revient à Paris et qu'il dine ou qu'il soupe chez Mme de ***, vous en serez, et cela vous fera plaisir. Autrement on n'y arrive pas. S'il va à Paris, il logera toujours chez Érard. Maintenant il est à Villa d'Este (Tivoli) et met la dernière main à *Via Crucis*.

« Ce qu'il composa l'année dernière ne peut se comparer qu'à une flamme odoriférante exhalée par la Création aux alentours du trône de son Créateur.

« Il faut pourtant que vous connaissiez cela !

« Je ne dis pas que cela soit une école. Non. Je dis au contraire : Il y a divers arts; il y a l'architecture, il y a la peinture, il y a la sculpture, il y a la musique, il y a Liszt.

« Liszt est un art à part. Avez-vous entendu le concert que Saint-Saëns a donné avec les œuvres de Liszt ? Connaissez-vous, fréquentez-vous Saint-Saëns ? C'est le seul en France qui sache qu'il y a un autre Liszt que le pianiste.

« Venez donc à Rome, venez mordre un peu au travail des partitions polyphoniques, d'où la mélodie s'échappe comme la riche végétation d'un sol saturé d'or.

. . . .

« Nous recommençons donc toujours *avec un nouveau plaisir* notre causerie sur ce que le jour apporte. Bon Dieu comme ce serait allemand, *ossia* ennuyeux de se faire gravement réponse à tout. Les lettres sont des volants; on les fait rebondir sans regarder aux plumes tombées dans l'entre-temps.

. . . .

« Vous me reprochez amèrement, et ici l'amertume est de saison, de n'avoir pas encore lu le poème d'où votre livret est tiré. Eh bien ! oui, je reconnais mon tort. Envoyez-le-moi, et péché avoué, réparé, est pardonné. Tant de livres attendent les pauvres journées d'été ! Mais je ferai cela pour vous et nous aurons le cœur net. Peut-être trouverai-je à y découper un *scenario* plein de motivations psychologiques, et qui dise quelque chose à ceux que l'on n'a pas renvoyés à la porte du théâtre pour lire le poème avant d'entendre l'opéra. Croyez bien que si je réussissais, cela me ferait un plaisir de la force de quatre ballons à grande vitesse.

« Seulement, à peine aurais-je fait mon affaire au point de vue de l'art, uniquement de l'art, du beau psychique, que viendra mon mauvais génie, ma bête noire, ce monstre de versificateur dont je ne puis me passer, qui mettra en l'air toute ma plate-bande.

« En Allemagne, on trouve de ces doux poètes qui comprennent un *scenario* en prose et vous le mettent tout doucement en beaux vers bien rythmés. C'est ainsi que j'ai fait les *oratorios* écrits et non encore écrits de Liszt. Mais en France, on vous arrive tout de suite avec le gros mot : le public ! Le public, on le traite comme le *mob* anglais, en le flattant par l'excitation et la surexcitation de ses plus mauvais instincts.

. . . .

« C'est qu'il est difficile de tirer un beau drame d'un beau poème : diablement difficile même. Voilà Wagner qui vient de s'y brûler les doigts ; lui qui, dans l'éclat et la vigueur de son talent, avait tiré un si admirable drame (le *Lohengrin*) des dernières pages du *Parsifal*, de Wolfram d'Eschenbach. Il voulut aussi faire un Parsifal, et cette œuvre sénile n'est qu'un long fiasco poétique. Ce qui manque, car c'est le moins aisé à trouver, ce sont les motivations psychologiques et poétiques qui font les caractères.

« Wagner, qui s'était élevé contre Meyerbeer et Scribe au nom des *caractères*, en leur reprochant de ne produire que des effets de scène par une kyrielle de situations qui ne s'enchaînent pas entre elles, Wagner vient de tomber dans la même mare, à plat ventre. Son *Parsifal* n'est qu'une suite de scènes sans rapport visible entre elles, que la musique illumine, mais qui n'en sera pas moins comme une suite de *dioramas* que l'on voit dans les capitales, où l'on admire l'une à côté de l'autre une vue d'Arkhangel et une vue de Pékin, un intérieur de cathédrale gothique et une pagode indoue.

« Vous voyez que je ne vous accuse pas d'une naïveté « trop excessive », puisque je vois faire la même chose que vous à un vieux vétéran couvert de glorieuses cicatrices. Mais il ne faut pas que la robuste jeunesse imite les faiblesses de l'âge sénile.

. . . .

Nous n'étions pas toujours très d'accord sur les *motivations psychologiques* (!) et sur les *caractères*; ou plutôt je faisais des réserves, beaucoup de réserves en bien des cas; ne trouvant que de très légers anathèmes à lancer contre certaines œuvres qu'on signalait à mes malédictions, ne voulant pas non plus me démunir de tous mes éloges à l'égard d'ouvrages très discutables. En somme, il y avait lutte courtoise, mais lutte réelle, entre les brumes pleines de lueurs de cette belle intelligence et mon irrésistible besoin de franches clartés.

Au commencement, mes timides protestations donnaient lieu à des ripostes dont j'ai extrait les curieux fragments qu'on a lus; mais plus tard, tout en continuant à trouver un grand charme à cette correspondance, ma raison se révoltait ouvertement parfois, et je le disais tout net.

Oh! alors, l'étagère sur laquelle on avait bien voulu me placer jusque-là s'écroulait tout d'un coup, et je ne redevenais plus qu'un simple musicien parmi les *pauvres* compositeurs français, ce dont je me suis toujours d'autant plus glorifié qu'ils sont applaudis partout et même en Allemagne !

. ˙.
. .

Un jour la princesse m'envoya un petit opuscule d'une douzaine de pages. C'était une messe pour orgue, destinée à être jouée pendant l'office d'une basse messe. L'auteur était Liszt, bien entendu. La lettre qui accompagnait l'envoi ne m'invitait pas à lire cette musique; elle m'enjoignait de l'admirer d'abord.

Je mis un peu d'ordre dans la succession des faits, et, avant d'admirer, je lus.

Je lus avec recueillement, dans l'ombre et le silence, rempli d'un saint respect, comme s'il se fût agi de quelque manuscrit précieux, retrouvé dans des fouilles et signé de sainte Cécile ou de Mozart !

Après quoi n'ayant pas aperçu la *pointe*, la fameuse *pointe*, je me jouai ces pages une fois..., deux fois...; au milieu de la troisième, je fus pris subitement d'un irrésistible besoin d'air, de lumière et de mouvement, et je me levai brusquement en criant très fort : « Ah çà ! qui trompe-t-on ici ? »

Telle fut mon impression.

Doucement, doucement, je la donnai à la princesse en l'enveloppant de tous les euphémismes; mais c'était déjà trop de ne pas trouver cette musique sublime ! En la critiquant, même avec tous les tampons que fournissent les adjectifs les plus édulcorés, ma lettre fit l'effet d'une pierre dans une vitre.

Je reçus *dare-dare*, comme disait familièrement la princesse, une réponse qui commençait ainsi :

« Rome, avril 1880.

« Oui..., oui..., je comprends. La messe de Listz vous semble et doit vous sembler une feuille blanche, comme certains paysages font l'effet d'une toile bleue.

« Renvoyez-la moi, car j'en ai fort peu d'exemplaires, une misère, et j'y tiens par affection. »

. . . .

Il ne fallait pas laisser cette relique dans les mains d'un philistin !

Cependant je n'ai jamais voulu la rendre ; et quand, plus tard, le souvenir de ma franchise me revenait comme un remords, je relisais cette messe ; je me hâte d'ajouter que chaque nouvelle lecture ne faisait que me fortifier dans mon hérésie !

La lettre continue avec esprit, en affectant de parler de la fièvre romaine, du printemps, de la politique, de tout enfin, excepté de musique.

En frappant l'ennemi, même avec une simple rose, je ripostais enfin à des attaques bien autrement violentes contre des maîtres français et contre certaines de leurs œuvres universellement acclamées... J'en avais assez de cette constante campagne de l'impuissance bruyante contre le génie triomphant, et, l'occasion se présentant de faire une comparaison entre le vide prolixe et l'inspiration vraie, je n'avais pu résister à dire avec notre bon La Fontaine :

> Le moindre grain de mil
> Ferait bien mieux notre affaire !

..

Un fait plus important que toutes nos platoniques chicanes vint espacer nos lettres.

Comme on l'a vu, la princesse avait bien voulu me demander communication des projets d'opéras que j'avais à cette époque. J'avais longtemps résisté ; mais il vint un moment où je ne pus reculer, sous peine d'amener des froissements que je tenais beaucoup à éviter.

La différence des races était si saillante entre nous que, s'il était intéressant pour l'un comme pour l'autre d'échanger des idées générales sur l'art musical, il était cependant impossible de tomber d'accord sur les véritables causes de son incessante évolution.

Ce qui était prévu arriva.

La princesse trouva mes projets détestables et me proposa un livret tiré (naturellement) d'une légende scandinave, comme c'est la mode depuis plusieurs années. C'était, bien entendu, un poème d'opéra ressemblant comme un frère à ceux de Wagner. Or, de ceux-ci, j'admire sans réserve le *Lohengrin,* qui est un chef-d'œuvre, et avec réserves le *Vaisseau-Fantôme,* qui est d'un charme très particulier. Mais tous les autres ! Ils sont souvent le prétexte d'une admirable musique, c'est vrai ; mais c'est là leur seule excuse ! Le *scenario* de la princesse surenchérissait encore sur les poèmes wagnériens les plus redoutables ! C'était d'ailleurs la caractéristique de ses préférences littéraires. Quant à celles qui concernent la musique, elle en était arrivée à ne plus voir qu'une étoile qui, pour elle, avait pris les dimensions du soleil.

Dans une lettre, datée d'avril, je trouve :

« Le monde n'est pas dans une heure de sublimité et Listz fait du sublime. (Je le dis en passant, renvoyez-moi sa messe ; c'est presque une rareté tant il y a peu d'exemplaires). Maintenant me voilà acoquinée au sublime. C'est une mauvaise habitude comme une autre ; mais je vois qu'elle se gagne et que d'autres ne s'en trouveront pas aussi mal que Liszt. »

. . . .

Qu'aurais-je été faire dans cette galère ?

Les plus admirés des maîtres, même allemands, ne trouvaient pas grâce devant cet esprit exclusif et absolu ! Du carillon de ses théories pouvait se dégager un enseignement fécond ; mais entrer en collaboration réelle, eût été aboutir au néant.

On devine avec quels ménagements je déclinai l'honneur qui m'était fait ; car, au fond, j'avais pour

Mme de Wittgenstein un très grand attachement, doublé du très grand respect que j'ai conservé à sa mémoire.

Le choc fut vif, il ne faut pas se le dissimuler ; mais comment eût-on pu l'éviter ? Il arrive toujours un moment où toutes les formules de la diplomatie sont épuisées, et laissent voir la vérité dans ce beau costume qu'on connaît et qui a triomphé de toutes les modes ! Cette même lettre, la dernière de douze pages, répond à la mienne. Je me sens démonétisé ! Il y a des phrases comme celle-ci :

« ... Maintenant dites-moi, mais je vous le demande *sul serio*, vrai, en bonne amitié, comment vous êtes-vous pris d'amitié pour moi ? De quoi vous êtes-vous épris en moi ? »

Suit une charge à fond de train sur l'opéra français, sur Paris, sur ses mœurs, etc. La lettre revient brusquement au vrai sujet :

« ... Mon sujet norvégien n'est pas un roman, c'est une tragédie ; mais pas pour Paris. Elle se joue entre des hommes et des femmes d'une autre race, et ne peut être comprise que par une autre race. »

C'est clair, et l'on voit bien nettement tout ce qu'elle devait penser ! Cependant pas de fiel. Son amour passionné pour l'art spécial qu'elle entrevoyait lui faisait maudire tout ce qui n'était pas cet art ; mais de suite elle revient d'elle-même à sa bonté naturelle, comme un peu honteuse de sa boutade :

« ... Et puis, malgré tout, ne m'en veuillez pas de ma *rude franchise*. Conservez-moi un peu d'amitié, car j'aime la vôtre. »

. . . .

Elle me parle de plusieurs choses avec une grâce et une délicatesse dignes de ce grand esprit, et, comme pour faire oublier les rudesses des premières pages, elle termine avec une écriture calmée :

« A bientôt, n'est-ce pas, et croyez-moi toujours votre bien, bien sincèrement affectionnée. »

Mais, dans ma lettre, j'avais dit, en parlant des compositeurs dramatiques, que, dans ma jeunesse, Verdi m'avait enthousiasmé. La princesse, qui avait oublié de répondre à cela, rouvre bien vite et ajoute :

« Vous me dites que je ris sans doute en lisant que vous fûtes électrisé par Verdi ! mais du tout, du tout, je comprends cela ; c'est grossier, mais c'est passionné. Vous n'étiez pas encore musicien et vous étiez encore enfant : vous sentiez la passion, le grossier de son tissu vous échappait. »

« C'est quand on a aimé dans les féeriques palais des sylphes et des ondines que l'usine devient insupportable. »

Et puis, toujours :

« A propos, vous ai-je fait envoyer un Chopin nouvellement réédité de Liszt ? »

« *N. B.* — C'est un volume en prose pas du tout prosaïque, *sur* Chopin, non *de* Chopin). Encore une fois, merci de votre lettre. »

.˙.

A ces très longues pages succédèrent des lettres de deux feuilles, puis de trente lignes. Souvent je voyais débarquer chez moi quelque pianiste chevelu avec une lettre de la princesse. On causait de Liszt pendant dix minutes, et après quelques points d'admiration on se séparait passivement satisfaits l'un de l'autre. Enfin une simple carte avec quelques mots, en certaines circonstances, annonça la fin non des relations, mais d'une correspondance qui n'avait plus d'objet. Nous nous étions tout dit. Le hasard m'avait fait le défenseur très humble, mais très ardent cependant, de notre belle École française, qui d'ailleurs se défend bien d'elle-même; et dans cette polémique de plusieurs années, elle avait gardé ses positions en dépit de l'École allemande et de la rhétorique de son fervent avocat!

Lorsque Liszt vint à Paris en 1889, la carte devenue habituelle se changea en lettre pour la circonstance. La princesse me priait d'aller me prosterner aux pieds du dieu! A la posture près, je me rendis avec plaisir à cette invitation et j'allai saluer le maître. Il était au milieu d'une vingtaine de disciples fervents, et de sa longue main desséchée distribuait des poignées de main tout en mâchonnant un cigare.

Quelques jours après je l'aperçus pour la dernière fois au concert du Châtelet, où le public le reconnut et lui fit un très sympathique accueil.

A peine revenu de son voyage de Paris, Liszt mourut. Au bout de quelques mois on apprenait aussi que dans sa paisible retraite de Rome, venait de s'éteindre Mme la princesse de Wittgenstein.

∴

De race slave, avec une éducation raffinée doublée d'une existence cosmopolite ; douée d'une ardente imagination, traversant en pleine jeunesse la période la plus flamboyante du romantisme, Mme de Wittgenstein avait toutes les forces pour être quelque chose.

Elle a certainement été quelqu'un.

Soit qu'elle ne l'ait pas pu, soit qu'elle ne l'ait pas voulu, elle n'a opté pour aucune des formes de l'art; mais elle a passionnément aimé l'art.

Ennemie née de toute convention, ne comprenant, ne voyant, ne sentant même qu'au delà de toute formule, elle était admirablement préparée pour devenir l'apôtre fervent d'une révolution dans le monde des idées.

Ce qu'elle aurait pu glaner en littérature n'eût pas suffi à apaiser l'appétit insatiable ni le radicalisme absolu de son esprit. On a tout dit depuis la Bible et Homère ! Essayer de le dire autrement, comme font les meilleurs écrivains, n'était qu'une lutte sans intérêt pour elle. Il lui fallait un champ nouveau à labourer, et la musique seule pouvait le lui offrir.

Le caractère fluide de cet art, où la formule définitive est heureusement introuvable ; cette essence spéciale où le sublime coudoie l'absurde, où le néant peut être confondu avec le génie, selon les courants et surtout selon les hasards de l'exécution, tout cela était bien tentant ! Là où il n'y a pas de dogme précis, le schisme est attrayant puisqu'il peut devenir la loi !

Mme de Wittgenstein eût certainement passé sans le comprendre devant le vrai génie, c'est-à-dire devant des musiciens qui, à l'exemple de Mozart ou de Beethoven, prennent d'abord la grande route des ancêtres, puis l'élargissent et la prolongent de toute la puissance de leur individualité, sachant bien ce qu'ils veulent et où ils veulent aller. Mais avec son tempérament, la princesse devait fatalement s'éprendre avec passion de ceux qui dédaignent cette route et s'en vont à travers champs.

Cela a l'air plus difficile ; c'est peut-être plus commode au fond. Mais ceci est autre chose, comme disait la princesse.

Ceux-là, pour elle, s'appelaient Berlioz, Wagner et Liszt. Son imagination enfiévrée s'identifia si bien avec eux qu'elle vécut réellement de leur vie propre. Le premier mort, elle reporta sur les deux autres la part d'admiration et de foi qu'elle lui avait vouée.

Le second mort à son tour, Liszt resta seul enveloppé, comme un chêne, de ce lierre étouffant et mystique dont la vie devait cesser avec la sienne.

Eh bien ! c'est cette fin qui me touche profondément. J'ai pu railler tout à mon aise sur les doctrines ; c'est avec une sincère émotion que je me découvre respectueusement devant cette tombe.

Aimer et croire à ce point, est le privilège des hautes âmes ; et si, me parvenant au milieu des mesquineries de la vie militante, ces lettres ont pu me faire sourire quelquefois, aujourd'hui que je viens de les relire, je reconnais qu'elles sont souvent, je le répète, comme la prophétie de vérités reconnues maintenant ou sur le point de le devenir.

Ma conclusion est donc qu'au-dessus des exagérations résultant de l'éducation, de la race et du milieu, il y a dans les lettres de Mme de Wittgenstein une vision très haute de l'art et une grandeur d'aspiration qui doivent être le catéchisme de tous les artistes dignes de ce nom. On en déduira certainement que c'est à cette influence que Berlioz, Wagner et Liszt doivent le meilleur de leurs ouvrages, discutables, certes, dans la forme, mais dont les tendances sont au-dessus de toutes les vulgarités et dont la portée est considérable sur l'art musical de notre temps.

Alors ?

Alors la postérité retiendra sûrement le nom de ces trois grands esprits ; elle oubliera peut-être celle qui les a inspirés, en tout cas qui les a soutenus de son ardente foi. Nous, les contemporains, nous faisons l'enquête et nous cherchons la femme. Nous la trouvons derrière les trois pontifes de l'art nouveau. Elle s'appelait : Son Altesse Mme la Princesse Carolyne de Sayn-Wittgenstein.

A PARIS

ENVOIS DE ROME

On sait que chaque année le Conservatoire fait entendre les envois de nos jeunes pensionnaires musiciens de l'Académie de France à Rome. Exécution hâtive de partitions encore mal débarbouillées des influences de l'École, mais néanmoins fort intéressantes.

Il faut en convenir, le public qui assiste à ces auditions sait si bien qu'on lui présente des élèves, qu'un pur chef-d'œuvre n'aurait à ses yeux que la valeur d'un bon devoir d'écolier. Le fait s'est produit, en sculpture, pour un de nos camarades. Aux envois de Rome, à l'École des beaux-arts, une *figure* de lui fut trouvée *pas mal* ; au Salon elle était proposée pour la médaille d'honneur, et cette haute récompense n'ayant pas été accordée, le gouvernement décora tout simplement l'auteur âgé de vingt-six ans.

Ces exécutions annuelles n'ont été adoptées que depuis 1874. Avant cette époque, les œuvres de nos jeunes musiciens étaient simplement l'objet d'un rapport de l'Institut. La rédaction de ce rapport incombait parfois à quelque « immortel » pressé qui, lisant peu ou pas la partition, déplorait, le plus souvent les tendances avancées d'un coupable admonesté, très paternellement d'ailleurs.

On savait si bien cela là-bas, qu'on n'envoyait que peu de chose ou même rien du tout, ce qui alors, mettait l'Institut fort en colère ! Une foule d'histoires se rattachent naturellement au temps de ce conflit permanent. Deux surtout méritent d'être rapportées à cause de leur gaieté.

Vers 1847, Victor Massé, alors pensionnaire de la villa Médicis, s'était fait remarquer par un silence persistant : pas d'envois, pas la moindre copie de quelque psaume, trésor de contrepoint exhumé de la poussière vaticane ! Cela ne pouvait durer. Une lettre sévère arriva au directeur de l'Académie ; il fallait un envoi dans les huit jours ou la pension était retirée. Que faire ? Massé n'avait rien de terminé, et le temps lui manquait pour entreprendre un ouvrage nouveau, même de courtes dimensions.

Un sauveur surgit dans la personne d'Ad. Samuel, jeune musicien belge, pensionnaire de son pays, alors fort ami de Massé, et qui, longtemps, dirigea l'un des grands conservatoires de la Belgique.

Le petit Belge comprit l'embarras de son condisciple français. Il venait d'achever la composition d'une grande symphonie qu'il se disposait à expédier à l'Académie Royale de Bruxelles, et, spontanément, il proposa à Massé de la recopier et de l'envoyer à l'Académie Royale de Paris. Qui diable songerait dans les deux pays à rechercher le lien étroit de parenté de deux œuvres... qui n'en faisaient qu'une? Et comme il n'avait guère le choix des moyens, Massé accepta.

Au bout de quatre jours, la symphonie d'Ad. Samuel était recopiée par Massé, cousue, brochée, cachetée de rouge et en route pour Paris, tandis que l'original prenait le chemin de Bruxelles.

Chez nous, la partition fut l'objet d'un rapport plein d'éloges sur les aptitudes éminemment symphoniques du futur auteur des *Noces de Jeannette*, de *Galathée*, des *Saisons*, de *Paul et Virginie*, etc. En Belgique, l'austère Fétis constata des écarts regrettables dans l'ordonnance générale, des témérités inouïes dans l'instrumentation; une péroraison fulminante flétrissait enfin des tendances extravagantes, excommuniant le malheureux auteur d'une pareille abomination!

Les deux coupables m'ont conté l'affaire; ils en riaient encore après trente ans; l'un heureux, l'autre toujours reconnaissant du service rendu.

**

Plus tard, vingt ans après, comme dans les *Mousquetaires*, un autre pensionnaire fit mieux encore.

Sachant, à n'en pas douter, que les envois de

Rome étaient examinés... rarement sous la direction bien indifférente d'Auber, un maître farceur expédia, sans plus, une demi-rame de papier blanc avec un titre ronflant, quelque chose dans ce genre :

Œnobarbus ou le Tyran de Corinthe. Trilogie antique pour soli, chœurs et orchestre.

C'était jouer avec le feu.

Cependant un rapport arriva!

« Il y a des qualités sérieuses dans l'important « ouvrage du jeune X... ; toutefois il est regrettable « que des tendances... »

L'auteur de l'envoi demeura confondu, et se demande encore de quel côté était le mystificateur!

Aujourd'hui, celui qui *écrivit* cet Œnobarbus (!) est devenu un illustre compositeur. Il serait tout à fait déplacé de lui parler de l'aventure devant quelques membres de la docte Compagnie ; mais entre soi, dans le corridor d'un théâtre, ou sous une porte, si la conversation vous y ramène, un fou rire accueille ce souvenir de la vingtième année ! Puis l'ancien pensionnaire de Rome, désormais obligé d'opposer un front sévère à toute velléité gouailleuse, se prend à murmurer : « Ah ! mon ami, c'était le bon temps ! »

Pardieu! Mais Gustave Nadaud lui-même a connu deux parfaits notaires en tout semblables à ce parfait musicien. Croirait-on qu'un jour, caché derrière une porte, il entendit distinctement le premier panonceau dire à l'autre :

Ah ! maître Lebègue.
Mon très cher collègue,
Vous souvenez-vous du temps.
Où nous avions dix-huit ans !...

LES PRIX DE ROME A L'OPÉRA

En 1882, la section de musique de l'Académie des Beaux-Arts — Institut de France — eut le charitable souci de considérer qu'après avoir couronné des musiciens, entraînés au concours de Rome par plusieurs années de solides études, la nuit se faisait tout à coup autour d'eux, succédant au lumineux séjour de la villa Médicis : après cette dernière période de recueillement et de travail, l'inconnu de ce pavé de Paris qui tue indifféremment les chevaux de fiacre les plus solides et les volontés les mieux trempées.

Il y avait bien dans le cahier des charges des théâtres subventionnés, une invitation aux directeurs d'avoir à recueillir de temps à autre les élucubrations furtives de quelques prix de Rome tirant sur le poivre et sel, et dont les prétentions, d'ailleurs, ne pouvaient s'élever au-dessus d'un timide lever de rideau ; mais l'invitation était le plus souvent déclinée, et les intéressés visés par le platonique article du cahier des charges restaient, le plus souvent aussi, confondus parmi la foule des seigneurs sans importance qui fourmillent habituellement dans les antichambres, comptant mélancoliquement les fleurs du papier, et admis seulement à échanger quelques paroles discrètes avec ces hommes à chaîne d'argent qui jouent les cerbères devant des portes obstinément fermées.

Le prix de Rome est utile ou il ne l'est pas.

Fort de cette seule raison qu'il existe, on peut admettre son utilité. Il est donc logique que l'État qui ouvre des écoles, qui pensionne pendant quatre ans le lauréat d'un concours annuel, étende sa protection jusqu'à mettre à celui-ci, comme on dit, le pied dans l'étrier en lui entre-bâillant la porte des théâtres grassement subventionnés.

Après comme après ; débrouille-toi, mon garçon.

On a dit cent fois, et jusqu'à les rabâcher, ces vérités de La Palice ; mais jusqu'en 1882 elles flottaient vaguement dans l'air sans prendre corps.

La section de musique de l'Institut s'émut donc à bon droit. Elle demanda au ministre de l'Instruction publique et des Beaux-arts de ne plus se contenter d' « inviter » les directeurs, mais plutôt de les obliger à accueillir les musiciens qu'elle avait couronnés.

Le ministre s'empressa de déférer au vœu de

l'illustre compagnie, et, assez rondement ma foi, il arrêta que tous les deux ans l'Opéra serait tenu de représenter un ouvrage — ballet ou drame lyrique — en un, deux ou plusieurs actes, signé d'un compositeur choisi sur une liste de quelques noms dressée par l'Institut.

⁂

Le premier essai de cette nouvelle mesure eut lieu l'année même où elle était prise. La liste portait cinq ou six noms d'anciens lauréats n'ayant, bien entendu, jamais été représentés à l'Opéra. C'était la lune de miel. Tout le monde tomba d'accord ; un choix excellent fut fait à l'ancienneté, la seule règle à suivre en l'espèce.

Il est en effet peu vraisemblable que l'Institut convoque jamais une personnalité saillante à l'honneur de grignoter ce petit morceau de sucre. Si elle est saillante, cette personnalité, son appétit sera plus robuste; elle n'aura plus besoin de personne; et il est clair que l'intention de la section de musique est surtout de tendre la main à des artistes qu'elle a reconnus dignes de son attention, et que les hasards de la vie ont laissés dans l'ombre à tort ou à raison.

En 1882, donc, on voulut se rattraper, et deux compositeurs furent désignés du même coup.

C'était d'abord Théodore Dubois, prix de Rome

de 1861 ; et ensuite Émile Pessard, prix de Rome de 1866.

Le premier donna un charmant ballet, *La Farandole*, dont le sujet était emprunté à une légende provençale. Th. Dubois introduisit dans sa partition plusieurs airs populaires délaissés par Bizet et dont son *Arlésienne* est bourrée, comme on sait.

La *Farandole* fut accueillie avec beaucoup de faveur, et l'on se plut à y applaudir la main fine et délicate d'un musicien fort distingué.

Émile Pessard vint ensuite avec un opéra en deux actes, *Tabarin*, dont le sujet avait été tiré par Paul Ferrier d'une jolie comédie de lui, représentée au Théâtre-Français vers 1873. La partition de Pessard était pleine de brillantes qualités. Elle avait du mouvement, de l'entrain, de l'esprit, et la facture en était extrêmement soignée. Néanmoins, pour des raisons de coulisses que je n'ai pas à rechercher, elle ne se maintint sur l'affiche que pendant quatre ou cinq représentations.

En somme, la tentative avait été plutôt heureuse ; et, comme personne, pas même l'Institut, ne saurait décréter la victoire au théâtre, en laissant les choses à leur plan véritable, tout le monde n'avait qu'à se féliciter de la crâne initiative de nos immortels.

Une seconde liste fut dressée en 1884. En tête venait Paladilhe, prix de Rome de 1860. Dès les premiers jours, il se récusa, prétextant, avec raison, que les négociations étaient commencées à l'Opéra au sujet de *Patrie* et qu'il croyait devoir passer son tour à un confrère.

La chance allait donc se trouver répartie entre les noms qui suivaient celui de Paladilhe, lorsque survint un jeune homme, Véronge de la Nux, tout frais débarqué de Rome.

Zaïre lui fut confiée par la direction de l'Opéra. Une Zaïre réduite, bien entendu, à la portion congrue de deux actes.

Puis, la brise se remit à souffler comme devant dans la lyre monumentale qui couronne l'édifice, et l'on n'entendit plus parler de rien.

Parfois cependant, dans les petits coins, on chuchotait que des difficultés étaient survenues entre les auteurs et la direction. Cinq ans passèrent ainsi. Le ministre finit par s'émouvoir de ce silence prolongé, et il invita l'Institut à lui présenter la liste de 1886 ainsi que celle de 1888. La docte compagnie répondit que tant que satisfaction ne serait pas donnée au dernier élu elle s'abstiendrait.

C'était faire comprendre clairement au ministre qu'il y avait eu un trop grand retard du côté de l'Opéra; aussi celui-ci fut-il mis en demeure de représenter *Zaïre* au plus vite.

Et *Zaïre* fut exécutée.

Enfin, en 1890, parut la troisième liste et, en tête, Bourgault-Ducoudray, prix de Rome de 1862.

La surprise fut grande dans le monde de la musique,

où certes Bourgault-Ducoudray est très hautement estimé ; mais, à cause de ses travaux spéciaux on pouvait supposer que le théâtre ne l'intéressait que peu.

Ce fut lui qui fut désigné cependant, et la partition de *Thamara* lui fut confiée. L'ouvrage fut représenté et je m'empresse de dire qu'il obtint le plus franc succès, au moins parmi les artistes.

A Bourgault-Ducoudray succéda Charles Lefebvre avec *Djelma* ; puis Samuel Rousseau avec *La Cloche du Rhin* ; Georges Hue avec *Le Roi de Paris*, enfin P. et L. Hillemacher avec *Orsola*. Ces partitions de grand mérite, cependant, n'eurent, pas plus que leurs aînées, l'heur de se maintenir sur l'affiche.

En résumé, la mesure officielle prise depuis vingt ans a tout de même donné d'utiles résultats. Par elle, des musiciens de talent ont pu se faire entendre à l'Opéra ; c'est un but qu'ils n'eussent certainement pas atteint avec leurs seules forces.

On trouvera sans doute qu'aucun de ces ouvrages n'a révélé de chef-d'œuvre ; mais, outre l'indépendance familière à ceux-ci, il eût été presque impossible qu'ils sortissent victorieux des circonstances spéciales dans lesquelles ces sortes d'exécutions sont données.

Le choix de l'administration n'est pas toujours d'accord avec les préférences personnelles du directeur ! De là une sorte de conflit où le musicien imposé par l'une est fatalement sacrifié par l'autre. Il est donc à souhaiter qu'à l'avenir l'accord parfait se fasse entre le ministère et la direction ; et puisque de leur choc la lumière n'a pu jaillir, peut-être faut-il l'attendre de leur intime union.

LE DINER DE ROME

Il est une coutume, à peu près générale, adoptée par les personnes unies dans les mêmes affinités : celle de se réunir à des dates fixes et, le plus communément, en un dîner mensuel.

Le *Diner de Rome* est donc composé de tous ceux, jeunes ou vieux, qui ont dormi jadis sous le toit séculaire de la villa Médicis! Là, plus de préséances, mais la plus cordiale des camaraderies; et le membre de l'Institut comme le dernier revenu de là-bas, les maîtres de l'art comme les simples disciples, oubliant pour une heure ou deux l'inexorable bataille de la vie, revivent, par l'évocation des souvenirs, les bonnes heures de paix et de tranquillité de la vie romaine jadis menée en commun.

Ces diners ont dû, vraisemblablement, exister depuis la création de l'institution elle-même. Mais il ne s'est trouvé personne pour en fixer les annales; et les anecdotes, comme les souvenirs qui s'y rattachent se sont éteints avec ceux qui en étaient les acteurs.

Cependant la tradition orale permet de remonter à

peu près jusqu'aux environs de 1825. A cette époque le dîner de Rome n'avait pas le caractère de cohésion qu'il a acquis depuis quelques années; il existait quelques dissidences ; il s'était formé de petits clans se recrutant au nom de la sympathie de l'âge ou des idées.

On parlait encore, vers 1880 d'un certain dîner du *Disque*? Son nom lui était venu de l'habitude, très ancienne parmi les pensionnaires de Rome, de se livrer dans les jardins de l'Académie, et après le déjeuner, à ce jeu renouvelé de l'antique.

La mort vint peu à peu clairsemer les dîneurs, et les survivants du *Disque* se fondirent dans un dîner parallèle surnommé l'*Oignon*.

L'origine de ce nom est sans doute toute de fantaisie, comme celui du dîner qui succéda à l'*Oignon* et qui s'appelait l'*Hippopotame*.

Celui-ci avait pris naissance à Rome même, dans une *osteria* renommée pour l'excellence de ses *pâtes*, et la joyeuseté de son petit vin blanc de la montagne d'Albano. Le patron de cette sorte de taverne était hydrocéphale; son visage énorme et bestial, surchargeant un corps lourd et épais, donnait à sa démarche l'allure d'un véritable pachyderme.

Cet harmonieux ensemble (!) frappa les fondateurs de ce dîner et décida de son nom ! La réunion continua à Paris pendant plusieurs années et laissa les plus joyeux souvenirs dans la mémoire de ceux qui y furent conviés. Il y eut vraiment des soirées fort gaies; entre autres celles, annuelles, où l'on devait élire le président; car il y avait un président !

Un de ces soirs là, on vit arriver — en retard, selon son habitude — l'un des personnages les plus considérables de la réunion — maître réputé, très admiré et très aimé de tous. — Lui connaissant un goût prononcé pour le *panache*, plusieurs lui proposèrent la présidence dont il se défendit avec une véritable chaleur, alléguant toutes sortes de raisons.

Au moment de l'élection, une « scie d'atelier », un « bateau », comme on dit aujourd'hui, passa dans l'air; on s'entendit et, au dépouillement du scrutin, l'on trouva trente-deux bulletins portant le nom du personnage. Or, il y avait exactement trente-deux présents, y compris l'élu en personne qui avait donc indéniablement, voté pour lui-même! Ce fut très gai!

Puis l'*Hippopotame* subit plusieurs transformations et, finalement, se fondit avec le dîner de Rome qui, depuis lors, resta seul et triomphant !

Donc, le dîner de Rome reprend ses assises dans les premiers jours de novembre, après la séance annuelle de l'Académie des Beaux-Arts au cours de laquelle sont solennellement distribués les Grands Prix de peinture, de sculpture, d'architecture, de gravure et de musique.

A la fin de ce dîner, présidé de tradition par un membre de l'Institut, celui-ci dans une paternelle allocution, dit adieu — ou plutôt au revoir — à ceux qui vont partir pour Rome.

Le thème reste le même chaque année, mais il est assez souple pour recevoir les variations que le talent ou l'esprit de l'orateur savent y apporter.

La touchante allocution applaudie par l'assistance fort nombreuse, peut se résumer à ces quelques mots :

« Allez, jeunes gens, et quel que soit l'outil que vous maniez : brosse, ébauchoir, compas, burin ou plume, regardez en haut ! « Faites et Espérez. » Quelle que soit aussi la destinée qui vous attend, quand la barbe grise sera venue, en regardant derrière vous, il n'y aura place pour aucun regret si vous avez dirigé vos énergies et vos efforts vers le but visé par tous vos anciens, atteint par quelques uns d'entre eux, et qui peut se définir en cette formule de tous les temps : agrandir encore le riche patrimoine d'art dont s'honore notre cher pays de France ! »

Parfois ces fraternelles agapes sont honorées de la présence du ministre des Beaux-Arts en personne et tout naturellement, présidées par lui. C'est donc au ministre, alors, qu'est échue la tâche de haranguer l'assistance.

Il s'en est trouvé qui ne s'écartaient guère d'une éloquence officielle et banale; puis d'autres, plus heureux qui savaient remuer la fibre patriotique; puis, enfin, d'autres encore qui, dépouillant tout appareil solennel, s'en remettaient à leur esprit ou à leur bonhomie native et parvenaient à se faire un réel succès au milieu de cette réunion très affinée où l'esprit abonde, et l'esprit le plus aigu comme le plus volontiers satirique !

Mais rien n'est comparable, comme portée, à la simple allocution familiale prononcée par quelque ancien ; octogénaire illustre ou simple sexagénaire de génie !

Celui-là « *en est* » ; il a passé par la route où s'engagent les nouveaux. — pour qui ce dîner est le véritable *dignus est intrare* — où passèrent aussi tous ceux qui l'écoutent.

J'ai vu souvent une larme couler silencieusement sur la joue des plus sceptiques, et l'émotion gagner très sincèrement des vétérans, familiers cependant depuis de longues années avec toutes les variations du sujet traité !

C'est que nul n'échappe à l'évocation des souvenirs de jeunesse, et que chacune de ces barbes grises ou blanches se reconnaît dans chacune de ces barbes brunes ou blondes des nouveaux venus. La plupart les envie; d'autres se refuseraient à recommencer ce chemin de la vie où tant d'épines les ont déchirés ; et c'est avec mélancolie qu'ils voient partir cette jeunesse si bien armée pour la victoire, et qui, pourtant, parmi quelques appelés ne comptera peut-être pas un élu !

Mais pour ces pessimistes, comme pour tous, le nuage s'envole vite dans la fumée des cigares ; et c'est encore au dîner de Rome que l'on voit s'éclairer d'un sourire les visages les plus taciturnes à l'ordinaire ; car de la cendre remuée du passé s'est dégagé l'irrésistible parfum de la jeunesse, de la vie et de la foi dans la dignité du travail accompli par ceux-ci, projeté pour ceux-là !

FIN

TABLE

1870-1874

Le concours	1
Intermède sombre	19
Le voyage	28
La villa Médicis	80
La vie romaine	87
Hébert-Liszt	105

HORS LES MURS

Anche lei	123
Fontana	129
Le drame de « Papa Giulio »	137
Tivoli	142
Porto D'Anzio	148

SAC AU DOS

Le mont Cassin	157
Naples	182
Pœstum	195
Ferrare	213

MADAME LA PRINCESSE DE WITTGENSTEIN 227

A PARIS

Envois de Rome	289
Les prix de Rome à l'Opéra	294
Le dîner de Rome	301

EVREUX, IMPRIMERIE DE CHARLES HÉRISSEY

Librairie HACHETTE et Cⁱᵉ, 79, boulevard Saint-Germain, Paris

BIBLIOTHÈQUE VARIÉE. IN-16. 3 FR. 50 LE VOLUME BROCHÉ

Études sur les littératures françaises et étrangères

ALBERT (Paul) : *La poésie*; 11ᵉ édit. 1 vol.
— *La prose*; 8ᵉ édition. 1 vol.
— *La littérature française, des origines à la fin du XVIᵉ siècle*; 8ᵉ édition. 1 vol.
— *La littérature française au XVIIᵉ siècle*; 10ᵉ édition. 1 vol.
— *La littérature française au XVIIIᵉ siècle*; 8ᵉ édition. 1 vol.
— *La littérature française au XIXᵉ siècle; les origines du romantisme*; 6ᵉ édit. 2 vol.
— *Variétés morales et littéraires*. 1 vol.
— *Poètes et poésies*; 3ᵉ édition. 1 vol.
BENOIST (A.) : *Essai de critique dramatique*. 1 vol.
BERTRAND (L.) : *La fin du classicisme et le retour à l'antique*. 1 vol.
BOSSERT (A.) : *La littérature allemande au moyen âge et les origines de l'épopée germanique*; 3ᵉ édit. 1 vol.
— *Gœthe et Schiller*; 4ᵉ édit. 1 vol.
— *Gœthe, ses précurseurs et ses contemporains*; 3ᵉ édit. 1 vol.
— *Schopenhauer*. 1 vol.
BRUNETIÈRE, de l'Académie française : *Études critiques sur l'histoire de la littérature française*. 7 vol.
Ouvrage couronné par l'Académie française.
— *L'évolution des genres dans l'histoire de la littérature*. 1 vol.
— *L'évolution de la poésie lyrique en France au XIXᵉ siècle*; 2ᵉ édit. 2 vol.
— *Les époques du théâtre français*. 1 vol.
CARO : *La fin du XVIIIᵉ siècle : études et portraits*; 2ᵉ édit. 2 vol.
— *Mélanges et portraits*. 2 vol.
— *Poètes et romanciers*. 1 vol.
— *Variétés littéraires*. 1 vol.
DELTOUR. *Les ennemis de Racine au XVIIᵉ siècle*; 6ᵉ édition. 1 vol.
Ouvrage couronné par l'Académie française.
FILON (Aug.) : *Mérimée et ses amis*. 1 vol.
GAUTHIEZ (P.) : *L'Italie du XVIᵉ siècle. L'Arétin (1492-1556)*. 1 vol.
GREARD (Oct.), de l'Académie française : *Edmond Scherer*; 2ᵉ édit. 1 vol.
— *Prévost Paradol*; 2ᵉ édit. 1 vol.
JUSSERAND (J.-J.) : *Les Anglais au moyen âge*. 2 vol. :
La vie nomade et les routes d'Angleterre au XIVᵉ siècle. 1 vol.
Ouvrage couronné par l'Académie française.
L'épopée mystique de William Langland. 1 vol.
LARROUMET (G.), de l'Institut : *Marivaux, sa vie et ses œuvres*, nouvelle édit. 1 vol.
Ouvrage couronné par l'Académie française.
— *La comédie de Molière*; 4ᵉ édition. 1 vol.
— *Études d'histoire et de critique dramatiques*. 1 vol.
— *Nouvelles études d'histoire et de critique dramatiques*. 1 vol.
— *Études de littérature et d'art*. 4 vol.
— *L'art et l'État en France*. 1 vol.
— *Petits portraits et notes d'art*. 2 vol.
— *Derniers portraits*. 1 vol.

LE BRETON: *Le roman au XVIᵉ siècle*. 1 vol.
LENIENT : *La satire en France au moyen âge*; 4ᵉ édition. 1 vol.
Ouvrage couronné par l'Académie française.
— *La satire en France au XVIᵉ siècle*; 3ᵉ édition. 2 vol.
— *La comédie en France au XVIIIᵉ et au XIXᵉ siècles*. 4 vol.
— *La poésie patriotique en France au moyen âge et dans les temps modernes*. 2 v.
LICHTENBERGER : *Études sur les poésies lyriques de Gœthe*; 2ᵉ édition. 1 vol.
Ouvrage couronné par l'Académie française.
MÉZIÈRES (A.), de l'Académie française : *Pétrarque*. 1 vol.
— *Shakespeare, ses œuvres et ses critiques*; 3ᵉ édition. 1 vol.
— *Prédécesseurs et contemporains de Shakespeare*; 4ᵉ édit. 1 vol.
— *Contemporains et successeurs de Shakespeare*; 3ᵉ édition. 1 vol.
Ouvrages couronnés par l'Académie française.
— *Hors de France : Italie, Espagne, Angleterre, Grèce moderne*; 2ᵉ édit. 1 vol.
— *Vie de Mirabeau*. 1 vol.
— *Gœthe, les œuvres expliquées par la vie*. 2 vol.
— *Morts et vivants*. 1 vol.
MICHEL (Henri) : *Le quarantième fauteuil*. 1 vol.
MONTÉGUT E. : *Essais sur la littérature anglaise*. 1 vol.
— *Les écrivains modernes de l'Angleterre*. 3 vol.
— *Mélanges critiques*. 1 vol.
— *Dramaturges et romanciers*. 1 vol.
— *Esquisses littéraires*. 1 vol.
PARIS (G.), de l'Académie française : *La poésie du moyen âge* (1ʳᵉ et 2ᵉ séries). 2 v.
— *Légendes du moyen âge*. 1 vol.
PELLISSIER : *Le mouvement littéraire au XIXᵉ siècle*; 6ᵉ édit. 1 vol.
POMAIROLS (de) : *Lamartine*. 1 vol.
PREVOST-PARADOL : *Études sur les moralistes français*; 8ᵉ édit. 1 vol.
RICARDOU (A.) : *La critique littéraire*. 1 v.
RITTER (E.) : *La famille et la jeunesse J.-J. Rousseau*. 1 vol.
Ouvrage couronné par l'Académie française.
SPENCER (H.) : *Faits et commentaires*. 1 vol.
STAËL (Mᵐᵉ de) : *Lettres inédites*. 1 vol.
STAPFER (P.) : *Molière et Shakespeare*.
Ouvrage couronné par l'Académie française.
— *Des réputations littéraires*. 1 vol.
— *La famille et les amis de Montaigne*. 1 vol.
TAINE (H.) : *Histoire de la littérature anglaise*; 11ᵉ édition. 5 vol.
— *La Fontaine et ses fables*; 15ᵉ éd. 1 vol.
— *Essais de critique et d'histoire*; 9ᵉ édit.
— *Nouveaux essais de critique et d'histoire*; 7ᵉ édit. 1 vol.
— *Derniers essais de critique et d'histoire*.
TEXTE (J.) : *J.-J. Rousseau et les origines du cosmopolitisme littéraire*. 1 vol.
Ouvrage couronné par l'Académie française.

ÉVREUX, IMPRIMERIE DE CHARLES HÉRISSEY — 5-1904

www.ingramcontent.com/pod-product-compliance
Lightning Source LLC
Chambersburg PA
CBHW071331150426
43191CB00007B/694